Holger Kirsch, Josef Brockmann

Mentalisieren

Viele Begriffe, die wir aus der Psychoanalyse kennen, blicken auf eine lange Geschichte zurück und waren zum Teil schon vor Freuds Zeit ein Thema. Einige Begriffe haben längst den Weg aus der Fachwelt hinaus in die Umgangssprache gefunden. Alle diese Begriffe stellen heute nicht nur für die Psychoanalyse, sondern auch für andere Therapieschulen zentrale Bezugspunkte dar.

Die Reihe »Analyse der Psyche und Psychotherapie« greift grundlegende Konzepte und Begrifflichkeiten der Psychoanalyse auf und thematisiert deren jeweilige Bedeutung für und ihre Verwendung in der Therapie. Jeder Band vermittelt in knapper und kompetenter Form das Basiswissen zu einem zentralen Gegenstand, indem seine historische Entwicklung nachgezeichnet und er auf dem neuesten Stand der wissenschaftlichen Diskussion erläutert wird.

Alle Autorinnen und Autoren sind ausgewiesene Fachleute auf ihrem Gebiet und können aus ihren langjährigen Erfahrungen in Klinik, Forschung und Lehre schöpfen. Die Reihe richtet sich in erster Linie an Psychotherapeutinnen und -therapeuten aller Schulen, aber auch an Studierende in Universität und Therapieausbildung.

Unter anderem sind bereits erschienen:

BAND 9 Angelika Ebrecht-Laermann: Angst. 2014.
BAND 10 Hans-Dieter König: Affekte. 2014.
BAND 11 Bernhard Strauß: Bindung. 2014.
BAND 12 Ludwig Janus: Geburt. 2015.
BAND 13 Jürgen Grieser: Triangulierung. 2015.
BAND 14 Bernd Nissen: Hypochondrie. 2015.
BAND 15 Roland Voigtel: Sucht. 2015.
BAND 16 Joachim Küchenhoff: Depression. 2017.
BAND 17 Diana Pflichthofer: Trennungen. 2017.
BAND 18 Gianluca Crepaldi: Containing. 2018.
BAND 19 Thomas Auchter: Trauer. 2019.
BAND 20 Mathias Hirsch: Schuldgefühl. 2020.
BAND 21 Wolfgang Wöller: Dissoziation. 2020.
BAND 22 Timo Storck, Felix Brauner: Körpergefühl. 2021.
BAND 23 Petra Holler: Borderline. 2023.
BAND 24 Werner Köpp, Tabea A. Tillinger: Essstörungen. 2023.
BAND 25 Inge Seiffge-Krenke: Neid. 2024.
Band 26 Kai Rugenstein: Übertragung. 2024.

BAND 27 **ANALYSE DER PSYCHE UND PSYCHOTHERAPIE**

Holger Kirsch, Josef Brockmann

Mentalisieren

Psychosozial-Verlag

Bibliografische Information der Deutschen Nationalbibliothek
Die Deutsche Nationalbibliothek verzeichnet diese Publikation in der Deutschen Nationalbibliografie; detaillierte bibliografische Daten sind im Internet über http://dnb.d-nb.de abrufbar.

Originalausgabe

E-Mail: info@psychosozial-verlag.de
www.psychosozial-verlag.de

Umschlaggestaltung und Innenlayout nach Entwürfen
von Hanspeter Ludwig, Wetzlar
ISBN 978-3-8379-3208-9 (Print)
ISBN 978-3-8379-6172-0 (E-Book-PDF)
ISSN 2943-6222 (Print)
ISSN 2943-6230 (Online)

Inhalt

Teil II

Mentalisieren: Ein neues Konzept?

Einleitung

Was heißt »Mentalisieren«? Mentalisieren ist die imaginative Fähigkeit, sich Gefühle, Gedanken, Einstellungen *(mental states)* als Motive für Handlungen vorstellen zu können. Dem menschlichen Verhalten wird also eine Intention zugrunde gelegt, die das Verhalten erklären und bis zu einem gewissen Grad auch vorhersagen kann (Taubner, Fonagy & Bateman, 2019, S. 4). Das englische Wort *mind* umfasst die menschliche Innenwelt und somit die Subjekterfahrung. »Was im Deutschen in Einzelbegriffen fassbar ist, jedoch im Gesamtumriss unscharf bleibt, kann im englischen Pragmatismus in einem einzigen Begriff Platz finden« (Resch, 2009, S. 2).

Mentalisieren ist keine Errungenschaft, die man einmal erreicht hat und die dann stabil bleibt. Zwar ist sie eine Fähigkeit, die im Verlauf der Kindheit und Adoleszenz erworben wird, zugleich ist sie ein dynamischer Prozess, das heißt, in manchen Momenten können wir gut und angemessen mentalisieren, in anderen bricht diese Fähigkeit zusammen. Mentalisieren ist kein Alles-oder-nichts-Phänomen, sondern erstreckt sich von effektivem über ineffektives bis hin zu fehlendem Mentalisieren (Bateman, 2018, S. 8).

Mentalisieren ist ein neuer Begriff für eine alte Sache

Mentalisieren ist auch so etwas wie eine Alltagspsychologie. Wir alle beschäftigen uns mehr oder weniger erfolgreich mit Motiven Anderer und unseren eigenen. Wir überlegen auch, wie wir auf Andere wirken oder was Andere über uns denken. Für den modernen Menschen als Homo sapiens ist die Kooperation entscheidend für sein Überleben. »Dazu reicht es aber nicht zu wissen, wo sich Löwen und Büffel aufhalten. Wichtiger ist, in Erfahrung zu bringen, wer in der Gruppe wen nicht leiden kann, wer mit wem schläft, wer ehrlich ist und wer andere beklaut« (Harari, 2015, S. 35). Manche Menschen haben diese Art, psychologisch zu denken, aufgegeben und orientieren sich nur an der äußeren Welt, andere Personen interpretieren zu schnell und zu viel in eine Situation hinein. Beides führt zu Schwierigkeiten in Beziehungen, zu Verzerrungen in der Kommunikation oder schließlich zur Isolation.

Mentalisieren ist im Kern ein psychoanalytisches Modell

Die Wurzeln des Ansatzes reichen tief in die Geschichte der Psychoanalyse. Kernfragen der Psychoanalyse, zum Beispiel zu Unterschieden zwischen subjektivem Erleben und der Realität sowie zur Entstehung unbewusster Verzerrungen und Abwehrvorgängen werden im Mentalisierungsansatz neu beantwortet. Die »psychische« Arbeit wird als ein Prozess der Symbolisierung und Mentalisierung verstanden, indem diffuse, rohe und unverarbeitete Eindrücke aus der Außenwelt oder innere Triebaffekt-Impulse in Repräsentanzen umgewandelt und verarbeitet werden. Dies ermöglicht – so die Annahme – eine bessere Steuerung von Emotionen und hilft bei der Selbstregulation.

Mentalisieren ist zugleich auch ein neues Konzept

Indem Mentalisieren als Teilbereich sozialer Kognitionen in den Mittelpunkt gerückt wird, entstehen neue Perspektiven auf Kommunikationsstörungen und psychische Erkrankungen, insbesondere auf sogenannte »Persönlichkeitsstörungen« sowie auf Momente, in denen die Mentalisierungsfähigkeit zusammenbricht, zum Beispiel unter Stress oder im Streit. Ausgehend von theoretischen und empirisch fundierten Konzepten werden im Mentalisierungskonzept Schlüsselprozesse definiert, die sowohl in der Entstehung einer Psychopathologie als auch für die Behandlung wichtig sind, um Psychotherapien erfolgreicher zu gestalten (Bateman, 2018). Gleichzeitig helfen diese Erkenntnisse dabei, stressvolle Alltagserfahrungen besser zu verstehen und zu reflektieren.

Mentalisieren ist ein Brückenkonzept

Indem auf Erkenntnisse verschiedener Nachbarwissenschaften zurückgegriffen wird, ist der Mentalisierungsansatz (mit-)teilbar, das heißt, er kann verknüpft werden mit anderen Perspektiven, zum Beispiel mit der systemischen Beratung und Therapie (Asen & Fonagy, 2012) oder der kognitiven Verhaltenstherapie (Sulz & Milch, 2012). Ebenso wird er in der Pädagogik, der Sozialen Arbeit oder Gesundheitsförderung vorsichtig, aber interessiert aufgegriffen (Gingelmaier, Taubner & Ramberg, 2018; Gingelmaier & Kirsch, 2020; Kirsch, Nolte & Gingelmaier, 2022).

Die Mentalisierungstheorie ist eine Beziehungstheorie

Mentalisieren hat einen individuumszentrierten und einen sozialpsychologischen Ansatzpunkt. Ausgehend von Erkenntnissen darüber, wie die (soziale) Umwelt als Matrix die Entwicklung des Individuums prägt, wird mit dem Konzept des epistemischen Vertrauens die Entwicklung des Mentalisierungskonzepts geöffnet. Soziale und gesellschaftliche Verhältnisse (nicht nur Familienverhältnisse) beeinflussen epistemisches Vertrauen und soziales Lernen, also das Lernen in Beziehungen und die Fähigkeit, Belastungen zu verarbeiten (Fonagy & Nolte, 2023).

Wir möchten in diesem Buch zeigen, wie sich die unterschiedlichen Perspektiven ergänzen und in der Praxis gemeinsam angewendet werden können. Zunächst werden die Wurzeln und Grundlagen des Mentalisierunganssatzes vorgestellt, dabei wird sowohl die gelingende Entwicklung als auch die Psychopathologie berücksichtigt. Im Anschluss werden aktuelle Entwicklungen und der weite Anwendungsbereich des Modells dargelegt. Praxisrelevante Aspekte der Psychotherapie, wie eine mentalisierungsfördernde Haltung und mentalisierungsfördernde Interventionen, werden vorgestellt und es wird ein Ausblick auf aktuelle Diskurse gegeben, beispielsweise zu Embodiment, zu psychischer Gesundheit *(mental health)* oder zu mentalisierungsbasierter Pädagogik.

Teil I

Der Entstehungskontext des Mentalisierungskonzepts

Psychoanalytische Wurzeln

Für Peter Fonagy liegt »der Ursprung der Mentalisierungsbasierten Therapie (MBT), historisch wie intellektuell, in der Psychoanalyse und der psychodynamischen Psychotherapie« (Fonagy, 2022a, S. 7). Fonagy betont, dass der Mentalisierungsansatz nicht auf Originalität gepocht habe:

> »Wir verknüpften das Mentalisieren mit Freuds Konzept der psychischen Realität und schlugen eine Reihe von Heuristiken vor, die zu einem differenzierten Gebrauch des Begriffs ›Symbolisierung‹ in der Psychoanalyse beitrugen. Auch versuchten wir unser Denken sowohl mit Wilfred Bion (Alphafunktion) als auch mit Donald D. Winnicott (Spiegelung und *containment*) in Einklang zu bringen« (ebd., S. 9).

Unter einer psychischen Verarbeitung versteht Freud die vom psychischen Apparat geleistete Arbeit, also die Beherrschung und Umwandlung von Erregungen (Freud, 1895d [1893–1895]). Diese Arbeit bestehe darin, die Triebenergie entweder durch Abreaktion der Spannungen (etwa sich austoben, sich ausweinen) oder durch die Herstellung assoziativer Verknüpfungen zu integrieren (unter anderem Verbindungen mit anderen Erlebnissen knüpfen); »psychische Verarbeitung meint also die Umwandlung der Energiequantität, die diese bewältigt, indem sie sie ableitet oder bindet« (Laplanche & Pontalis, 1972, S. 409). Freud nahm an, dass Affekte von Geburt an vorhanden sind und einem Lust-Unlust-Prinzip folgen (Freud, 1911). Es besteht daher ein grundlegendes menschliches Bedürfnis nach der »bestmöglichen Regulation von Emotionen« (Datler & Wininger, 2018, S. 319), das bedeutet, dass lustvolle Qualitäten gesucht oder stabilisiert und unlustvolle verändert werden sollen. Für eine »bestmögliche« Regulierung von Affekten (einschließlich spezifischer Abwehrmechanismen) entwickelt sich erfahrungsabhängig eine innere psychische Struktur. Diese wird als Ich-Struktur (A. Freud, 1936; Hartmann, 1939) und später unter dem Einfluss objektbeziehungstheoretischer Autorinnen und Autoren und der Kleinkindforschung als Selbststruktur konzipiert (Seidler, 2000).

Bereits bei Sigmund Freud (1923b) entsteht das Ich aus Verinnerlichungsvorgängen und ist als System, Instanz oder Struktur gedacht. Seine Funktionsweise ist überwiegend unbewusst. Das Ich gilt mit seinen verschiedenen Ich-Funktionen als zentraler Organisator des Psychischen. Abgegrenzt vom Ich wird dann das Selbst durch seine Fähigkeit zur (Selbst-)Reflexion und der Reflexion seiner Beziehungen zu Anderen. Freud differenziert noch nicht zwischen Ich und Selbst (Seidler, 2000). Das Konzept einer reflexiven Funktion des Selbst oder der Mentalisierung ist jedoch bereits bei Freud (1911) angelegt und meint den Übergang der physiologischen (unmittelbaren) zur psychischen (assoziativen) Verarbeitung und Reflexion (Fonagy, 2003, S. 177).

Winnicott (1973) versteht das Selbst umfassender als das Ich, als gesamte Person. Es ist die Summe jener Identifikationen, die in der eigenen psychischen Realität organisiert werden (Schacht, 2003, S. 220), und wird als Repräsentanz internalisierter Beziehungserfahrungen verstanden (Euler & Walter, 2018). Viele Autoren und Autorinnen (Rudolf, 2013; Arbeitskreis OPD, 2006; Seidler, 2000) gehen von einem präreflexiven Ich aus: Wenn sich das Ich selbst zum Objekt macht, wird es zum reflexiven Selbst.

Während Freud das Bewusstsein lediglich als eine Wahrnehmung unbewusster psychischer Aktivität versteht, beschreibt Wilfred Bion (1962), wie das Bewusstsein durch die psychische »Verdauungsarbeit« der Bezugsperson erworben wird. Mit dem Begriff *containment* beschreibt er einen Prozess der Kommunikation zwischen Säugling und Bezugsperson (in der Regel der Mutter). Der Säugling äußert sich zum Beispiel durch Schreien oder Weinen, er drückt damit diffuse körperliche Erfahrungen aus (sogenannte »Präkonzepte« oder »Beta-Elemente«). Die Mutter nimmt diese Äußerungen einfühlsam wahr und führt Konzepte ein, also Interpretationen darüber, was das Kind ausdrücken könnte, um es zu beruhigen (sogenannte »Alpha-Elemente« als emotionale oder sprachliche Antworten). Unverdaute, diffuse Empfindungen (Beta-Elemente) werden so durch kommunikative Prozesse bewusst und verfügbar gemacht (Symbolisierung). Durch diese sich alltäglich wiederholende Kommunikation lernt der Säugling mit der Zeit, die Gefühlszustände einzuordnen. Die Innenwelt wird differenziert und episodisch. Bei Versagung (etwa bei Abwesenheit der Mutter) lernt das Kind, die Mutter zu »denken« und sich selbst zu beruhigen. Fonagy und Target (2006), Mentzos (2017) sowie Datler und Wininger (2018) betonen die enge Verbindung des Mentalisierungsansatzes mit Bions Containment-Modell. Stavros Mentzos (2017) kommt dabei zu dem Schluss, dass Containment-Modell und Mentalisieren etwas Ähnliches meinen, jedoch sei der Mentalisierungsansatz in seiner Terminologie und Begründung durch die Forschung überzeugender und präziser.

Ungefähr zeitgleich mit Bion führen Edith Jacobson (1954) und Joseph Sandler (1960) Repräsentanzen und innere Arbeitsmodelle in die psychoanalytische Theorie ein. Demnach werden die Erfahrungen des Kindes assoziativ verknüpft und bilden innere Repräsentanzen (Vorstellungen). Die repräsentierte Welt erscheint als Bezugsrahmen für die innere psychische Wirklichkeit, in deren Mittelpunkt die Repräsentation von Gefühlszuständen und Beziehungserfahrungen steht (Joffe & Sandler, 1967). Das Modell der inneren Repräsentation ist in der Auseinandersetzung mit kognitiven Modellen innerhalb und außerhalb der Psychoanalyse entstanden und gilt heute als ein Grundmodell der Psychoanalyse. Es dient als Brücke zwischen Ich-Psychologie und Objektbeziehungstheorie und verbindet das psychoanalytische Denken mit dem sozialwissenschaftlichen Denken des ausgehenden 20. Jahrhunderts (Fonagy, 2022a).

Mentalisieren als ein psychoanalytisches Modell der Internalisierung von Erfahrung

Im Rahmen der psychoanalytischen Theoriebildung waren französische Psychoanalytiker die ersten, die mit einem Mentalisierungsbegriff arbeiteten. Sie versuchten psychosomatische Störungen und eine fantasiearme, konkretistische Art des Denkens zu verstehen *(la pensée opératoire)* und führten den Begriff *mentalisation* in den 1960er Jahren in die Psychoanalyse ein (Fain & David, 1963; Fain & Marty, 1964; Luquet, 1981; Marty, 1990). Serge Lecours und Marc-André Bouchard (1997), beides kanadische Psychoanalytiker aus Montreal, verbanden Mitte der 1990er Jahre die englischsprachige (vor allem Bion, Winnicott) mit der französischen Denktradition in der Psychoanalyse. Der Prozess des Mentalisierens bezieht sich bei Lecours und Bouchard auf die vorbewusste Ich-Funktion, Körpererregungen in innerpsychische Repräsentationen zu transformieren. Eine psychische Transformation erscheint notwendig, um die frühen rohen, konkreten Erfahrungen zu verarbeiten. Diese psychische Verarbeitung geschieht durch Assoziationen körperlicher und sensorischer Empfindungen mit psychischen Vorstellungen, also durch die Bildung von Repräsentanzen (Symbolisierung). Dies beinhaltet die Bindung von Energie und die Verbindung von Vorstellungen und bildet den Übergang vom primärprozesshaften zum sekundärprozesshaften Denken (Fonagy et al., 2004).

Die Fähigkeit zu mentalisieren geht mit der Regulierungsfähigkeit von Impulsen und Affekten sowie der Reflexionsfähigkeit einher und kann wie folgt zusammengefasst werden (angelehnt an Lecours & Bouchard, 1997, S. 857f.; Allen, Fonagy & Bateman, 2011, S. 31; Kirsch & Brockmann, 2022):

1. *Abwesende Mentalisierung* meint eine disruptive und unmodulierte Impulsaktivität; Triebaffekt-Erfahrungen werden weder toleriert noch verarbeitet – ein ›Kurzschluss‹ der psychischen Verarbeitung. Dies drückt sich beispielsweise durch einen nicht auszuhaltenden Aktionsdrang aus oder indem Impulse oder Affekte durch gewalttätiges Verhalten, Selbstverletzungen oder über physiologische Sensationen, etwa funktionale Störungen (Somatisierung), ausgedrückt werden.
2. *Beginnende Mentalisierung* meint hier eine modulierte Impulsaktivität: Affektäußerungen werden ein wenig besser reguliert oder sind adaptiver. Eine beginnende Symbolisierung kann angenommen werden, aber eine Wahrnehmung eigener Motive und Affekte bzw. eine Differenzierung (etwa

zwischen Innen und Außen, Fantasie und Realität) findet (noch) nicht statt. Im primärprozesshaften Denken werden basale sensorische Erfahrungen mit affektaufgeladenen Bildern assoziativ verbunden (wie in unerklärlichen Tränenausbrüchen). Hierzu gehören auch sogenannte »prämentalisierende« Modi (im Äquivalenzmodus werden zum Beispiel innere Vorstellungen mit der Realität gleichgesetzt) oder es werden Affektzustände durch Projektion partiell nach außen verlagert (Externalisierung eines fremden Selbst). Beispiele sind die Begründung von Wut mit der Provokation durch eine Andere oder einen Anderen (»Warum schaust Du so?«) oder die pauschale Behauptung, dass in einer bestimmten Situation jede und jeder genauso empfinden würde.

3. *Basales Mentalisieren:* Das Erleben ist hier bereits durch Symbolisierung und Verknüpfung von Symbolen zu Repräsentationsstrukturen geprägt (Assoziationen werden zu Wörtern und zu Sprache verbunden). Die Wahrnehmung der eigenen Wünsche und Affekte als subjektive und tolerierbare Erfahrungen gelingt. Psychische Inhalte werden in Bildern, Träumen, Fantasien, Metaphern ausgedrückt. Identifizierung und Benennung spezifischer emotionaler Zustände sind möglich, beispielsweise durch Zurückführung von Aufregung und Herzklopfen auf Angst.
4. *Komplexes Mentalisieren* basiert auf einem bewussten, reflektierenden Denken (»explizites Mentalisieren«), bezogen auf Interaktionen des Selbst mit Anderen. Triebaffekt-Erfahrungen werden psychisch verarbeitet und für Andere verständlich kommuniziert. Mit zunehmender Symbolisierung und Verknüpfung von Symbolen zu Repräsentationsstrukturen geschieht ein Übergang von primärprozesshaftem zu sekundärprozesshaftem Denken. Es entstehen komplexe Repräsentationen, die eigene Intentionen und diejenigen Anderer umfassen, einschließlich der wechselseitigen Beeinflussung.

Etwa zeitgleich mit Lecours und Bouchard (1997) entwarf Wilma Bucci (1997) ein psychoanalytisches Modell der Repräsentation. Sie unterscheidet drei Repräsentationsmodi:

- Der erste umfasst subsymbolisch repräsentierte Inhalte (etwa durch Somatisierung), die durch eine parallele Verarbeitung gekennzeichnet (implizit-prozedurales Gedächtnis) und nicht unmittelbar reflektierbar sind, obwohl sie das Verhalten und die Erlebnisbereitschaft beeinflussen.
- Der zweite Modus beschreibt die nonverbal-symbolische Repräsentation (etwa in kreativen Werken, meist visuellen oder akustischen Vorstellungen). Diese ikonischen Vorstellungen können Affektdispositionen aktivieren und neue Bedeutungskontexte erzeugen. Solche Vorstellungen sind prinzipiell einer Beschreibung in Narrationen zugänglich.
- Als dritten Modus beschreibt Bucci die verbal-symbolische Repräsentation (Worte, Sätze, Narrationen, sequenzielle Verarbeitung) (Resch, 2009).

Vor dem Hintergrund dieser Modelle kann zum Beispiel selbstverletzendes Verhalten als Zeichen überwältigender Impulse oder Emotionen sowie als abwesende Mentalisierung oder fehlende Symbolisierung interpretiert werden. Affekte, triebhafte Impulse oder traumatische Erfahrungen werden weder toleriert noch verarbeitet, stattdessen impulsiv und (vorübergehend) psychisch entlastend ausagiert.

»Aus irgendeinem Grund war das Ritual, mich selbst zu schneiden und die Schmerzen zu spüren, vielleicht sich lebendig zu fühlen und ein Gefühl der Befreiung zu verspüren, irgendwie therapeutisch für mich«.[1] Im Vergleich zur Selbstverletzung kann etwa eine Tätowierung (Kirsch & Hofmann, 2023) als beginnende Mentalisierung oder als nonverbal-symbolische Repräsentation angesehen werden. Innere Konflikte, Affekte oder Impulse werden dabei auf die Haut projiziert (Externalisierung) und präsentiert, aber der weiteren Reflexion entzogen. So trägt Angelina Jolie mehrere Tätowierungen, darunter einen großen Tiger sowie ein traditionelles Khmer-Tattoo, das Unglück und Unfälle abwenden soll. Basale Wünsche (Sicherheit, Geborgenheit, Stärke und andere) oder Triebaffekt-Erfahrungen

1 Siehe dazu das CNN-Interview von Paula Zahn mit Angelina Jolie am 9. Juni 2005, https://transcripts.cnn.com/show/pzn/date/2005-06-09/segment/01 (Übersetzung H. K. & J. B.).

werden mit affektaufgeladenen, also bedeutsamen Bildern assoziativ verbunden und in Schriftzügen oder Symbolen bleibend auf der Haut ausgedrückt. Die Zusammenhänge zwischen (unbewusstem) Impuls, Symbolik und Zeitpunkt der Tätowierung sind jedoch noch nicht oder nur teilweise reflexiv zugänglich und werden nonverbal kommuniziert.

»Mentalisation is a slow and progressive process, perhaps the venture of a lifetime« (Lecours & Bouchard, 1997, S. 865). Folgt man den Autoren, so ist Mentalisierung ein übergeordnetes Konzept, das die Prozesse der Repräsentation und der Symbolisierung umfasst und einen schützenden Puffer als vorbewusste Ich-Funktion einnimmt, der an das Modell der sicheren Bindung erinnert (Fonagy, 2003). Körpernahe Triebaffekt-Erfahrungen werden zusammen mit Beziehungserfahrungen (abhängig von der Bindungssicherheit) psychisch repräsentiert, führen zum Aufbau komplexer psychischer Strukturen und ermöglichen eine zunehmende Selbststeuerung hin zu einem kohärenten Selbst (Fonagy et al., 2004).

Mentalisieren umfasst also eine Gruppe basaler psychischer Prozesse, die zu einer Umwandlung von Triebaffekt-Erfahrungen in psychische Phänomene (mentale Inhalte) und Strukturen führen. Was in den aktuellen Diskursen über Mentalisierungsbasierte Therapie (MBT) (Euler & Walter, 2018; Taubner et al., 2019) mit »Mentalisieren in der klinischen Praxis« bezeichnet wird, ist eine Teilmenge der gesamten Prozesse, die die französischen Psychoanalytiker und -analytikerinnen unter *mentalisation* gefasst haben (Brockmann, Kirsch & Taubner, 2022).

Aktuelle Modelle der Repräsentation und die Struktur des Selbst

Der Begriff der Struktur umfasst das Selbst, die Persönlichkeit, den Körper, das Gedächtnis, das Temperament und auch die Wahrnehmungseigenart, denn die Strukturen des Psychischen finden ihre Abbildung in neuronalen Strukturen (Resch, 2009). »Struktur« meint hier ein Gefüge psychischer Dispositionen, das relativ zeitstabil ist und den persönlichen Stil begründet, die Art, wie immer wieder aufs Neue ein intrapsychisches und interpersonelles Gleichgewicht hergestellt wird. Eine Struktur umfasst ebenso Ich-Funktionen, die Organisation des Selbst und die Objektbeziehungen. Am Ziel der Entwicklung steht ein autonomes Selbst, das sein Selbstbild und seinen Selbstwert, seine Bedürfnisse und Affekte steuern und seine Beziehungen befriedigend *regulieren* kann (Rüger, 2000).

Eine psychische Struktur ist ohne Gedächtnisfunktion nicht denkbar. Martin Kurthen (2000) schlägt vor, Repräsentanzen als strukturelle Komponenten des Gehirns zu sehen, die vornehmlich im Dienst affektiv und motivational gefärbten Handelns in zwischenmenschlichen Beziehungen aktiviert werden. Repräsentanzen werden hierbei nicht mehr allein als Vertretung des Körperlichen, Triebhaften im Seelischen angesehen, sondern als innere unbewusste Organisationen individueller Handlungsmuster. Unter dem Einfluss der Säuglingsforschung wurde der Strukturbegriff vom Triebbegriff gelöst und bezeichnet die Fähigkeit des Säuglings, sich interne Interaktionsschemata zu schaffen. Kinder wandeln frühe Interaktionen mit primären Bezugspersonen in kognitiv-affektive Schemata des Selbst und der Anderen um. Situativ zusammengehörige Gefühle, Wahrnehmungen und Verhaltensweisen führen im Gedächtnis zu funktionellen Einheiten. Funktionell ähnliche »integrierte Fühl-, Denk- und Wahrnehmungsprogramme« (Ciompi, 2013, S. 29) bilden mit der Zeit komplexere affektiv-kognitive Strukturen. Im Gedächtnis werden also nicht isoliert Ereignisse gespeichert, sondern Beziehungsepisoden und soziale Interaktionen mit den zugehörigen Emotionen, Wünschen und Reaktionen.

Innere Arbeitsmodelle und Repräsentanzen entsprechen daher nicht einer konsensuellen Realität, sondern sie werden individuell durch Motive wie Wünsche oder Erwartungen, Abwehrmechanismen und die Konstitution verzerrt (Fonagy & Target, 2006). »Mentale Repräsentationen von Beziehungserfahrungen werden von Bindungsforschern und Objektbeziehungstheoretikern als vorsprachliche Inhalte des prozeduralen Gedächtnisses angesehen, die nicht bewusstseinsfähig sind und dem Individuum nur innerhalb einer Handlung ein Schema des ›Wie‹ bereitstellen« (Taubner et al., 2010, S. 244). Sie sind entscheidende Determinanten interpersonalen Verhaltens. In Interaktionen werden dann jeweils bestimmte Rollen in der Vorstellung der beeinflussten Person wachgerufen (Fonagy, 2003).

Mentalisieren und Emotionsregulation

Das Spektrum der Emotionsregulierung reicht von unregulierten Emotionen (hier erreicht die Regulierung nicht das Bewusstsein, wie etwa bei disruptiver, unmodulierter Impulsaktivität) bis hin zu absichtsvollem, zielgerichtetem Verhalten. Ein Großteil der Emotionsregulierung geschieht unbewusst und wird durch verschiedene Formen der Abwehr reguliert (Benecke & Brauner, 2017). Das Erleben motivationaler Inhalte oder unerträglicher Affekte wird hierbei durch automatisch ablaufende Regulierungsprozesse aus dem Bewusstsein ferngehalten. Angst als zentraler Affekt löst die Abwehrmechanismen aus. Dabei werden intrapsychische (Verdrängung, Wendung gegen das Selbst und andere) und interaktionelle Abwehrmechanismen (etwa projektive Identifizierung) differenziert.

Bewusste intrapsychische Emotionsregulierung geschieht durch reflexive Regulation und Mentalisierung (Gewahrwerden und Vorausschau sind eng mit Symbolisierung und Sprache verknüpft). Eine reflexive, bewusste Regulation gilt als adaptiv und reif. Das Individuum erlebt Emotionen (auch negative) bewusst und hält sie aus, ohne sofort (automatisch) Gegenmaßnahmen ergreifen zu müssen (ebd.).

Die Emotionsregulierung hängt eng mit der frühen Bindungsentwicklung zusammen. Doch nicht die Bindung als solche gilt als primäres Motiv, sondern die Suche nach effektiver Affektregulation, da sichere Bindung im Kern aus einer Fähigkeit zur Affektregulierung besteht. Darüber, dass der Regulation von Affekten in den ersten Lebensjahren eine herausragende Bedeutung zukommt, besteht innerhalb (und außerhalb) der Psychoanalyse inzwischen ein breiter Konsens (ebd.). Auf den Modellen der Affektregulierung als (vorbewusste) Ich-Funktion und auf dem Aufbau zunehmend komplexer Repräsentationen (Selbst- und Objektrepräsentanzen) mit der entwicklungspsychologisch erworbenen Fähigkeit zur Selbstregulation baut das Mentalisierungsmodell auf.

Mentalisieren und Gegenwartspsychoanalyse

Das Konzept der Mentalisierung stellt derzeit die elaborierteste Modellvorstellung davon dar, wie Personen ihre zwischenmenschlichen Erfahrungen psychisch verarbeiten und repräsentieren (Resch, 2009, S. 7). »Als Einsichtstherapie und Bewusstwerdungstherapie setzt die Psychoanalyse am selbstreflexiven Selbst an. Die Fähigkeit zur Selbstreflexion ist das entscheidende Mittel der Bewusstmachung des Unbewussten – um mit Sigmund Freud zu formulieren – bzw. der Mentalisierung – um mit Peter Fonagy zu sprechen« (Wirth, 2020, S. 76). Martin Altmeyer (2011, S. 107) als Vertreter einer modernen intersubjektiven Psychoanalyse fasst die aktuelle Situation der Gegenwartspsychoanalyse wie folgt zusammen: »[Es] lässt sich im Pluralismus der Schulen das Fehlen einer psychoanalytischen Kerntheorie feststellen, ein Mangel, der durch ein konzeptionelles Überangebot bloß überdeckt wird und nur durch wissenschaftliche Forschung zu beheben ist.« Er schlägt vor, das Unbewusste als heimliches Scharnier zwischen Selbst und Welt zu verstehen und plädiert

> »für eine Modernisierung der Psychoanalyse […], welche die Leitmetapher des seelischen Apparats durch die vernetzte Seele ersetzt: Die moderne Psyche ist heute weniger als Energiemanagerin im Triebhaushalt gefragt; ihre Hauptaufgabe in einer reflexiven Moderne scheint eher das gekonnte Management der Selbstbeziehung im weit gespannten Netzwerk zwischenmenschlicher Beziehungen zu sein« (ebd.).

Der intersubjektive Ansatz in der Psychoanalyse gründet auf den Arbeiten von Robert Stolorow, Atwood und Ross (1996), mit einer Nähe zur Selbstpsychologie von Heinz Kohut (1981) sowie der relationalen Psychoanalyse, deren bekanntesten Vertreterinnen und Vertreter Stephen Mitchell (2003) und Jessica Benjamin (2009) sind. In den 1990er Jahren trugen die Ergebnisse der Kleinkindforschung der Boston Change Process Study Group (vor allem von Louis Sander, Daniel N. Stern und Edward Z. Tronick) wesentlich zur Neuformulierung der psychoanalytischen Entwicklungspsychologie und der daraus abgeleiteten intersubjektiven Ausrichtung der Gegenwartspsychoanalyse bei (Mertens, 2012). »Schulenübergreifend beginnt sich die Erkenntnis durchzusetzen, dass das Seelenleben des Menschen bis in seine unbewussten Tiefen hinein mit der sozialen Umwelt verbunden und auf andere Menschen bezogen ist: Die Psyche selbst ist intersubjektiv verfasst« (Altmeyer & Thomä, 2016, S. 7). Zentrale entwicklungspsychologische Grundannahmen der klassischen Psychoanalyse gelten heute als empirisch widerlegt (ebd., S. 15). Stern (1985) zufolge sind es wahrscheinlich nicht Fantasien, sondern reale Erfahrungen, die den Inhalt des Unbewussten ausmachen und auf denen unser Selbst- und Welterleben aufbaut.

Einige Autorinnen und Autoren sehen die Mentalisierungstheorie als eine der bedeutsamsten neuen Theorien im Bereich der Psychoanalyse (etwa Taubner, 2015, S. 9; Benecke & Brauner, 2017, S. 133; Euler & Walter, 2018, S. 22): »Zweifellos stellt das Mentalisierungsmodell eine Weiterentwicklung der relationalen und intersubjektiven Psychoanalyse dar« (Schultz-Venrath, 2021, S. 181). Das Mentalisierungskonzept ist dabei eng mit der intersubjektiven Wende in der Psychoanalyse verbunden:

> »Bezeichnend auch, dass das Mentalisierungskonzept das interessanteste, umfassendste und einflussreichste Theorieprojekt der Gegenwartspsychoanalyse [ist], entwicklungspsychologisch wie in der therapeutischen Anwendung mit einem relationalen Modell der Psyche arbeitet, das auf dem besten Weg ist, zum ›common ground‹ des psychoanalytischen Pluralismus zu werden« (Altmeyer & Thomä, 2016, S. II).

Auch Peter Fonagy und Tobias Nolte (2023, S. 11) verstehen Mentalisieren als eine Theorie der Objektbeziehungen und der Intersubjektivität. Sie kritisieren dabei aber die psychoanalytischen Objektbeziehungstheorien. Selbst die Theorien, die einen intersubjektiven Schwerpunkt haben, berücksichtigten das Kernelement der Intersubjektivität nicht, nämlich die Fähigkeit zur gegenseitigen Anerkennung, denn diese Fähigkeit sei eine von der Internalisierung der Objektbeziehungen getrennte Entwicklung und erfordere eine Entwicklungstheorie des Mentalisierens und des epistemischen Vertrauens.

Der Mensch sei das (vielleicht) einzige Lebewesen, das nicht nur die Befriedigung seiner Bedürfnisse anstrebe, sondern auch deren Anerkennung durch die Bezugspersonen (Dornes, 1998). Der Philosoph Axel Honneth (2010, 2018) hat das Konzept der Anerkennung elaboriert und unterscheidet zwischen Erkennen und Anerkennen. Jedem Erkennen geht das Anerkennen des Anderen voraus, zum Beispiel setzt die Wahrnehmung seelischer Vorgänge die Anerkennung eines seelischen Innenlebens voraus. Die angeborene Notwendigkeit von Beziehung und das Interesse an Kommunikation setzen eine Dezentrierung des Selbst und die Anerkennung des Anderen voraus. Den Anderen anerkennen, heißt aber auch, auf einen Teil der eigenen Selbstentwicklung und Bedürfnisbefriedigung zu verzichten. Das Kleinkind muss sich erst mit der Bezugsperson emotional identifiziert haben, bevor es deren Einstellung als korrektive Instanz gelten lassen kann. Die emotionale Identifikation mit einer Bezugsperson bildet die notwendige Voraussetzung, um Perspektivenübernahme zu ermöglichen und die Entwicklung des symbolischen Denkens voranzutreiben (Resch, 2009).

Die Neuformulierung zentraler Kernaussagen der Psychoanalyse

Der Mentalisierungsansatz ist jedoch nicht nur eine Weiterentwicklung psychoanalytischer Modelle, vielmehr führt er durch den Einbezug von Forschungsergebnissen aus Nachbardisziplinen zu einer Neuformulierung zentraler Kernaussagen der Psychoanalyse. Dies soll an den Beispielen *Begehren und Affektspiegelung* sowie *Unbewusstes und Bewusstsein* gezeigt werden.

Begehren und Affektspiegelung

Peter Fonagy (2008) und Mary Target (2013, 2019) gehen – wie Laplanche und Pontalis (1968) sowie Laplanche (1995) in ihrer allgemeinen Verführungstheorie – der Frage nach, wie und warum sich notwendigerweise Geheimnisvolles und Beunruhigendes in der Sexualität entwickeln und zu ihr gehören. Sie führen dies darauf zurück, dass sexuelles Begehren und Affekte zwischen Bindungsperson und Kind keine adäquate Spiegelung und kein

Containment erfahren. Zentral für diese Hypothese von Fonagy und Target ist das Modell der markierten Affektspiegelung (siehe das Kapitel »Markierte Affektspiegelung als soziales Feedback«).

Psychosexualität wurzelt in sensomotorischen Wahrnehmungen und einer seit der frühen Kindheit bestehenden sexuellen Erregungsbereitschaft. Mütter und Väter finden es jedoch meist schwierig, die sexuelle Erregung des Kindes akkurat zu spiegeln. Die häufigsten Reaktionen sind Ablehnung oder Wegschauen. Fonagy (2008) weist darauf hin, dass Mütter regelmäßig auf Freude, Angst oder Wut des Kindes reagieren und diese spiegeln, aber sexuelle Erregung in den meisten Fällen ignorieren, etwa indem sie wegschauen. Die Erwartung, auch sexuelle Erregung und Affekte des Kindes zu spiegeln, führt die Bindungsperson in ein Dilemma. Wenn das Kind eine Affektspiegelung überhaupt erfährt, so geschieht dies auf eine Weise, die Laplanche (1995) als »enigmatisch« (im Sinne des Rätselhaften) beschrieben hat. Es ist eine meist unbewusste, verführerische Spiegelung des Begehrens des Kindes, zusammen mit dem Begehren der Bindungsperson gegenüber dem Kind und einer gleichzeitigen Frustration der Bedürfnisse und des Begehrens. Die Verarbeitung des kindlichen sexuellen Erlebens, das verzerrt oder unmarkiert gespiegelt wird, führt eher dazu, dass das Erlebte nicht erkannt oder verfälscht wahrgenommen wird.

Elemente der inneren Erfahrung des Kindes (wie Angst, Wut oder Freude) werden durch die markierte Affektspiegelung mit einer Bezugsperson herausgegriffen, interpretiert und moduliert. Es entstehen sekundäre Repräsentanzen aus primären Motiven und aus den Antworten der Bezugspersonen. Die Bildung einer symbolischen Repräsentation von Affektzuständen erzeugt die Grundlage für Affektregulation und Impulskontrolle. Wenn die Spiegelung misslingt, weil die Betreuungsperson unmarkiert oder inakkurat spiegelt, internalisiert das Kind ein »Mismatch« (Target, 2013).

Sexuelle Erregung wird auch im Erwachsenenalter mitunter als fremd, als nicht zum Selbst gehörend erlebt, weil sie verzerrt oder unmarkiert gespiegelt wurde. Im sexuellen Erleben werden die als fremd empfundenen Anteile nach außen projiziert (etwa führt die Erregung des Anderen zur eigenen Erregung). Eine befriedigende Sexualität des Erwachsenen ist an komplexe Voraussetzungen gebunden: In der Beziehung muss es unbewusste und bewusste Möglichkeiten geben, sich für die Projektionen des Gegenübers zu öffnen. Die Bindungserfahrungen müssen idealerweise eine hierzu ausreichende Sicherheit liefern. Ein zuverlässiges Gefühl sicherer Grenzen des körperlichen Selbst sowie ein als sicher erlebtes Körperselbst sind die Voraussetzungen dafür, die Grenzen ohne eine zu starke Bedrohung kurzfristig im sexuellen Spiel aufgeben zu können und dies als lustvoll zu erleben. Ein gegenseitiges Begehren, eine gegenseitige Erregung, letztlich projektiv-identifikatorische Prozesse sind der Schlüssel für ein volles Erleben im Psychosexuellen (Fonagy, 2008, S. 26).

Aus der Annahme, dass Subjektivität durch markierte Spiegelungsprozesse konstituiert wird, folgt, dass innere Zustände nur dann eine angemessene Repräsentation im Bewusstsein erreichen, wenn sie durch markierte und übereinstimmende Antworten von den Bezugspersonen bestätigt werden. Es sind die nichtgespiegelten, nicht-reflektierten inneren Zustände des Kindes, die das ausmachen, was Freud als dynamisches Unbewusstes, als den brodelnden Kessel des »Es« konzipiert hat (Fonagy & Allison, 2016, S. 16). So schreibt auch Martin Dornes:

> »Die Antwort lautet: weil die menschliche Sexualität, auch wenn sie heute weniger schuldbeladen als früher ausgeübt werden kann, ihr Erregungspotential nicht in erster Linie erogenen Zonen oder einer hormongesteuerten körperlichen Erregbarkeit verdankt, sondern der Beimengung nichtsexueller Affekte wie Ohnmacht, Einsamkeit, Wertlosigkeit, Wut oder Verschmelzungswünschen, die Ausdruck unbewältigter und unbewusster Probleme sind. Erst durch die Aufladung mit solchen Affekten erhält die Sexualität ihren ›thrill‹, der sie von bloß körperlicher Erregung unterscheidet und zur Psychosexualität macht, die bei Tieren fehlt« (Dornes, 2012, S. 374).

> »Der Genuss, die Erregung kommt daher, dass gleichzeitig unbewältigte Probleme inszeniert und in quasi spielerischer Weise gelöst werden« (ebd., S. 369ff.).

Mit diesen Betrachtungen entfernen sich Fonagy (2008), Fonagy und Allison (2019), Target (2013, 2019) aber auch Dornes (2012) von triebpsychologischen Annahmen und weisen auf die intersubjektive Entstehungsgeschichte des Begehrens hin. Drängende (unbewusste) Motive aus unterschiedlichen Quellen und Austauschprozesse (projektive Identifizierung, Externalisierung eines fremden Selbst und andere) spielen in der Sexualität Erwachsener eine bedeutsame Rolle. Diese Annahmen zeigen erneut die Bedeutung des Mentalisierens in der Umwandlung intensiver Triebaffekt-Erfahrungen in tolerierbare Affektzustände bzw. deren passagere Umkehrung (Brockmann, Kirsch & Taubner, 2022).

Das Unbewusste und das Bewusstsein

Mit dem Perspektivwechsel zu einer intersubjektiven Theorie der Psychoanalyse rücken verinnerlichte Beziehungserfahrungen, soziale Umwelt und Mikroprozesse der Kommunikation in den Vordergrund. Dies verändert radikal das Verständnis unbewusster Prozesse und der Vorstellungen über das Bewusstsein. Gödde und Buchholz (2011), Gödde (2018) sowie Fonagy und Allison (2016) stoßen aktuelle psychoanalytische Diskurse über Bewusstsein und Unbewusstes an, die psychoanalytische Konzepte mit den Nachbarwissenschaften in Verbindung bringen. Dadurch werden neue Perspektiven hinsichtlich der Komplexität bewusster und unbewusster Vorgänge deutlich (Kirsch & Brockmann, 2022).

Günter Gödde und Michael B. Buchholz (2011; Gödde, 2018) unterscheiden eine vertikale und eine horizontale Dimension des Unbewussten. Das Unbewusste – da nicht direkt beobachtbar – lässt sich am ehesten durch Metaphern umreißen. Freuds Metaphern beschreiben ein vertikales Modell des Unbewussten: unten (primitiv, triebhaft) versus oben (kultiviert, kontrolliert) mit den Kernaspekten von Verdrängung und Repression. Das vertikale Modell unterscheidet zwischen Oberfläche und Tiefe (Tiefenpsychologie), während die Verdrängungsschranke das Untere (das Es, Triebhaftes, Verdrängtes) vom Oberen (Kultur) trennt.

In zwischenmenschlichen Interaktionen kommen jedoch vielfach unbewusste Resonanzen zum Tragen, die im vertikalen Modell nicht ausgedrückt werden können, aber für die Beziehungsgestaltung von großer Bedeutung sind. Der Fokus der Aufmerksamkeit hat sich entsprechend von der »Tiefe« des Psychischen hin auf den Einfluss der Beziehungserfahrungen verschoben, die von Geburt an die Entwicklung bestimmen, internalisiert werden und ihren Niederschlag in inneren Objekten und prägenden Beziehungsmustern finden (Gödde, 2018). Sie werden am besten mit einer horizontalen Dimension des Unbewussten, einem sozial interaktiven Modell beschrieben. Das horizontale Modell von Bewusstem und Unbewusstem betont die sozialen Resonanzphänomene, »schätzt die Oberfläche und sucht Sinn im verbalen und gestischen Austausch, nicht dahinter« (Gödde & Buchholz, 2011, S. 11). In diesem System sozialer Resonanzen steht das sichtbare Verhalten den unsichtbaren Motiven und Intentionen gegenüber.

Bereits Säuglinge sind initiativ in der Beziehungsgestaltung und suchen soziale Resonanz. Soziale Resonanz ist lebensnotwendig, zum Aufbau des Bewusstseins und lebenslang zur Kohärenz des Selbst. Auf den (emotionalen) Rückmeldungen wichtiger Bezugspersonen baut sich die Wahrnehmung von Anderen als absichtsvoll Handelnden auf, verbunden mit dem Wunsch, selbst als Initiator oder Initiatorin Reaktionen auslösen zu können. Das schafft Kohärenz und Erweiterung der Komplexität von Selbstorganisation (ebd.).

Bewusstsein als eine Integrationsleistung des Gehirns

Peter Fonagy und Liz Allison (2016) schlagen vor, die Fähigkeit bewusst wahrzunehmen als Integrationsleistung des Gehirns und zugleich als einen verletzlichen Entwicklungsprozess anzunehmen. Bewusste Wahrnehmung beinhalte die Synthese von Eindrücken zu einem zusammenhängenden Ganzen. Bewusstsein von etwas ist dabei eine Eigenschaft, die Intentionalität erfasst. Intentionalität beschreibt die menschliche Fähigkeit, sich auf etwas zu beziehen, umgangssprachlich vereinfachend als »Absicht« ausgedrückt. Daher kann das Bewusstsein als eine absichtsvolle Synthese von Wahrnehmungen zu einem kohärenten Ganzen gesehen werden – mit dem Ziel, diese Erfahrung Anderen mitzuteilen. Das bedeutet, die Absicht zu kommunizieren ist darin implizit. Bewusstsein beinhaltet also eine Verarbeitung von Erfahrung. Bevor diese Verarbeitung (mittels Symbolisierung, etwa durch Sprache) stattgefunden hat, sind die Erfahrungen zu diffus, um kommuniziert werden zu können. Die Psyche braucht zum Hervorheben von Erfahrungen einen Mechanismus, der nützlich und mit Anderen teilbar ist, um sozial relevante Informationen herauszusuchen.

Bewusstsein wird hier als eine Art Erfahrungsfilter verstanden (ebd.). Die Synthese von Eindrücken dient dazu, das Kommunizierbare vom latenten Feld aller Möglichkeiten zu trennen. Intentionalität, auf etwas gerichtet zu sein, ist die zentrale Struktur bewusster Erfahrung und beinhaltet einen Prozess der Hervorhebung sozialer Relevanz. Dieses Bewusstsein wird sozial vermittelt. Das Kind muss sich nach außen wenden, um zu lernen, wie es jene Aspekte seiner inneren Erfahrung erkennen lernt, die die Grundlage für seine Fähigkeit zur Zusammenarbeit mit Anderen bilden. Indem es die Reaktionen anderer Menschen beobachtet, lernt es, auf welche Elemente seiner Erfahrungen andere Menschen ebenfalls reagieren.

Die Elemente der inneren Erfahrung des Kindes, die durch die Spiegelreaktionen anderer Menschen herausgegriffen werden, entwickeln sich zu Bausteinen der mentalen Funktion, die es ihm ermöglichen, in einer Welt zu leben, die ihm soziale Zusammenarbeit bietet und abverlangt. Es ist das soziale Lernen, die Kommunikation von Erfahrungen, die uns von anderen Arten unterscheiden und die soziale Zusammenarbeit sowie den Wettbewerb zu einem zentralen Bestandteil unserer Natur machen (Tomasello, 2014). Wenn wir in sozialen Gruppen funktionieren, lieben und arbeiten, sind unsere subjektiven Erfahrungen gekennzeichnet von Kohärenz und Intentionalität.

Die Konsequenz aus der Annahme, dass Subjektivität durch Spiegelung konstituiert wird, liegt darin, dass innere Zustände nur dann eine angemessene Repräsentation im Bewusstsein erreichen, wenn sie durch sozial markierte und übereinstimmende Antworten von den Bezugspersonen bestätigt werden. Fonagy und Allison (2016) unterscheiden daher drei Arten des Unbewussten:

1. *Nicht-bewusste Gehirnfunktionen:* Die Mehrheit der Gehirnaktivitäten sind nicht mit dem Bewusstsein verbunden.

Die unbewussten Gehirnfunktionen sind in der modernen Neurowissenschaft allgemein anerkannt, um implizit-prozedurale Mechanismen zu beschreiben.

2. *Primäres Unbewusstes:* Hiermit sind die nicht-bewussten Zustände von Fragmentierung oder Bewusstseinsstörungen zum Beispiel nach Traumatisierungen oder bei schweren Depressionen gemeint. Sie besitzen keine Intentionalität und bleiben in der normalen Entwicklung dem bewussten Erleben unzugänglich. Traumatische Umstände wie Vernachlässigung, körperliche oder emotionale Misshandlung spiegeln Zustände von Destruktivität, Isolation und Verzweiflung wider, die unerträglich sind und normalerweise nicht ins Bewusstsein gelangen. Eine solche Destruktion stört den Aufbau von Bindungen und stellt unweigerlich die Kohärenz und Intentionalität bewusster Erfahrung infrage, was sich in aufdrängenden Gedanken und störenden Bildern (etwa Flashbacks oder Intrusionen) manifestiert. Der Inhalt des primären Unbewussten manifestiert sich daher als Bewusstseinsstörung, da er die Kohärenz und Intentionalität des Bewusstseins (zer-)stört. Das Eindringen des primären Unbewussten untergräbt den implizit zielgerichteten Charakter menschlicher Erfahrung und ersetzt Intentionalität im Extremfall durch diffuses Sinnlosigkeitserleben und eine bruchstückhafte, fragmentierte Qualität von Erfahrungen (ebd.).
3. *Psychodynamisches Unbewusstes:* »Aufdringliche« mentale Inhalte, die intentional sind, noch nicht mentalisiert bzw. symbolisiert oder durch Abwehrmechanismen verzerrt wurden, werden als psychodynamisches Unbewusstes vom primären Unbewussten abgegrenzt (ebd., S. 11). Obwohl solche unmarkiert gespiegelten Inhalte als störend und aufdringlich für das bewusste Erleben empfunden werden, sind sie in ihrer Struktur »intentional« und daher bedeutungsvoll. Sie sind subsymbolisch oder durch Abwehrvorgänge verzerrte Triebaffekt-Motive, die sich in Richtung Bewusstsein bewegen, und werden als Wünsche und Bedürfnisse, Gedanken und Gefühle ausgedrückt – mit anderen Worten als mentale Zustände. Das psychoanalytische Verständnis unbewusster Prozesse und Verzerrungen, zum Beispiel in

der Übertragung und Gegenübertragung, kann helfen, diese bewusstzumachen und zu verändern.

Die Beziehungen zwischen bewusster Wahrnehmung und unbewussten Prozessen sind also komplex. Bewusstsein kann sowohl als evolutionäre Errungenschaft gesehen werden als auch als entwicklungspsychologisch erworbene Fähigkeit, die über Spiegelungsprozesse mit den nahen Bezugspersonen gestaltet wird. Bewusstsein ist also nicht oberflächlich im Vergleich zur »Tiefe« des Unbewussten. Die Gleichzeitigkeit bewusster und unbewusster Beziehungsgestaltung richtet die Aufmerksamkeit auf soziale Resonanzphänomene und auf kommunikative (Mikro-)Prozesse in der gemeinsamen Gestaltung von (professionellen) Beziehungen.

Mentalisieren als Brücke zur Theory of Mind (ToM)

Die Anfänge des Mentalisierungsansatzes zu Beginn der 1990er Jahre sind eng verbunden mit der Londoner Arbeitsgruppe um Peter Fonagy, Anthony Bateman und Mary Target. Sie verknüpften psychoanalytische Modelle mit der Bindungstheorie (Fonagy et al., 1991; Fonagy, 2003) und setzten sich mit der kognitionspsychologischen Theory of Mind (ToM) auseinander (Fonagy, 1991).

Für die Entstehungsgeschichte des Mentalisierungsansatzes spielt die psychoanalytische Auseinandersetzung mit der Theory of Mind (ToM) schon früh eine bedeutsame Rolle (Fonagy, 2022a). In seinem Aufsatz »Thinking about thinking: Some clinical and theoretical considerations in the treatment of a borderline patient« bezieht sich Fonagy (1991) auf die Theory of Mind und verbindet sie mit psychoanalytischen Sichtweisen. Eine der menschlichen Fähigkeiten liege darin, die eigene psychische Verfassung und die Anderer zu berücksichtigen *(mental states)*, um Verhalten zu verstehen und vorherzusagen. Bei Patienten und Patientinnen mit einer Borderlinestörung fand er jedoch eine Einschränkung dieser Fähigkeit. Fonagy erweitert damit den Brückenschlag zwischen Psychoanalyse und Kleinkindforschung um kognitionspsychologische Überlegungen aus der Theory of Mind.

Die Möglichkeit, die eigene psychische Verfassung und die

Anderer zu berücksichtigen, hatten David Premack und Guy Woodruff (1978) aus kognitionspsychologischer Perspektive als »Theory of Mind« bezeichnet. Häufig werden die Begriffe »Theory of Mind« und »Mentalisieren« synonym verwendet (Förstl, 2012; Schlicht, 2018). Die ToM dient jedoch eher als konzeptioneller Bezugsrahmen des Mentalisierungsansatzes (Allen, Fonagy & Bateman, 2011). Während die ToM davon ausgeht, dass das Verstehen mentaler Zustände eine kognitive Fähigkeit ist, die unabhängig von Beziehungserfahrungen heranreift, stehen im Mentalisierungsansatz der Entwicklungskontext von Bindungsbeziehungen und daraus folgend die Symbolisierung, Repräsentation und Affektregulierung im Zentrum (Taubner, Fonagy & Bateman, 2019). Peter Fonagy (1991) argumentiert, dass für den Erwerb einer spezifischen, individuellen ToM Konstanz und Sicherheit in den frühen Objektbeziehungen und eine ausreichend gute psychische Funktion der Eltern grundlegend sind, die den Prozess der Verinnerlichung fördern. Beständigkeit und Sicherheit der Objektbeziehungen erlauben es dem Kind, die Gefühle und Motive der Anderen zu erkunden. Das Verständnis für Psychisches entstehe, wenn die Bezugspersonen das Kind als eigenständiges psychisches Wesen mit eigenen Intentionen, Gefühlen und Motiven wahrnehmen (mentalisieren).

Der Beginn der Theory-of-Mind-Forschung wird mit der Untersuchung von David Premack und Guy Woodruff (1978) gleichgesetzt. Sie wollten herausfinden, in welchem Maße es Menschenaffen gelingt, die Handlungen von Menschen zu antizipieren und anhand geistiger Zustände zu verstehen. Dabei warfen sie die Frage auf, ob Schimpansen eine Theorie des Denkens besitzen und ob sich der Mensch in seinen kognitiven Fähigkeiten von seinen nächsten Verwandten, den Menschenaffen, unterscheidet. Schlussfolgerungen über mentale Zustände bei sich und Anderen können beispielsweise dazu dienen, das Verhalten Anderer vorherzusagen (Schlicht, 2018). In ihren Experimenten zeigten sie Schimpansen Videos eines Menschen im Käfig bei dem Versuch, für ihn unerreichbare Bananen zu ergreifen, und legten dann Bilder mit Gegenständen vor, die helfen konnten – oder eben nicht –, die Bananen zu erreichen. Kritikerinnen und Kritiker an diesen Experimenten führten an, die Affen hätten diese Aufgabe auch ohne die Zuschreibung von Motiven lösen können.

Erst ein Erkennen des Abweichens der Annahmen über die Realität (Erkennen falscher Überzeugungen) könne zeigen, dass die Annahmen die Welt repräsentieren, aber auch falsch sein können. Das Kernparadigma zur Untersuchung der ToM ist daher der »falsche Überzeugungstest« *(false belief task)* bei Kindern oder Menschenaffen (Wimmer & Perner, 1983). Der »falsche Überzeugungstest« wird in mehreren Varianten eingesetzt, die gebräuchlichste Variante beschreibt eine Geschichte zwischen Max und seiner Mutter, die einem Kind dargestellt wird (Schlicht, 2018). Max legt in Anwesenheit der Mutter Schokolade in eine Schublade in der Küche und verlässt die Szene. In seiner Abwesenheit nimmt die Mutter die Schokolade heraus und legt sie in den Kühlschrank. Nun wird das Kind gefragt, wo Max wohl zunächst suchen werde, sobald er zurückkehrt. Wenn das Kind antwortet, dass Max die Schokolade in der Schublade suchen wird, hat es verstanden, dass Max eine falsche Überzeugung hat. Kinder mit etwa drei Jahren (im Äquivalenzmodus), die gesehen haben, dass die Mutter die Schokolade in den Kühlschrank gelegt hat, gehen jedoch automatisch davon aus, dass Max weiß, was sie wissen. Erst Kinder ab vier bis fünf Jahren nehmen an, dass Max eine falsche Überzeugung hat und dort suchen wird, wo er selbst die Schokolade deponiert hat. Eine Metaanalyse über 178 Studien konnte zeigen, dass vier- bis fünfjährige Kinder diese Aufgabe lösen können, jüngere Kinder (drei bis vier Jahre) antworten jedoch, dass Max im Kühlschrank suchen werde. Sie können sich noch nicht vorstellen, dass Max nicht weiß, was sie wissen. »Die Vielzahl dieser Studien demonstriert einen konstanten, kulturübergreifenden deutlichen und bemerkenswerten Einschnitt in der kognitiven Entwicklung« (ebd., S. 49).

Die Entwicklung sozialer Kognitionen

Mit »sozialen Kognitionen« werden informationsverarbeitende Prozesse bezeichnet, die unsere Interaktion und Kommunikation mit Anderen betreffen. Sie unterscheiden sich von nicht-sozialen Kognitionen durch die Art der Information, die verarbeitet wird. Diese Informationen sind intentional, sie haben einen Inhalt und sind auf etwas gerichtet (beispielweise Meinen, Wünschen,

Hoffen, Befürchten). So nehmen wir Menschen als Handlungszentren wahr, die absichtsvoll handeln. Da die Unterstellung von Absichten automatisch abläuft und alltäglich ist, wurden soziale Kognitionen auch als »Alltagspsychologie« bezeichnet (ebd.). Im Verlauf der Forschung zu sozialen Kognitionen interessierte nicht nur die Frage, was uns von unseren nächsten Verwandten unterscheidet, sondern ebenso die Frage, wie soziale Kognitionen und die Mentalisierungsfähigkeit im Verlauf der Menschheitsentwicklung entstanden sind.

Der Frage nach der Entwicklung sozialer Kognitionen in der frühen Menschheitsgeschichte ging Michael Tomasello (2014, 2020) als Vertreter der evolutionären Anthropologie nach. Er beschäftigte sich intensiv mit der Frühzeit der menschlichen Entwicklung und dem Übergang vom Menschenaffen zum modernen Menschen (Homo sapiens). Damit ist der Zeitraum von vor etwa 400.000 Jahren (Aufkommen des Frühmenschen, *homo heidelbergensis*) bis zum Beginn der neolithischen Revolution vor etwa 10.000 Jahren gemeint. Tomasellos Entwicklungsmodelle beruhen auf empirischen und vergleichenden Studien zur Kommunikation von Menschenaffen und von Kleinkindern.

> *»Die menschliche Kultur ist diejenige Form sozialer Organisation, die auf der menschlichen Entwicklungslinie als Reaktion auf ganz bestimmte Anpassungsherausforderungen entstand. Ihre hervorragendste Eigenschaft ist ihr hoher Grad an (und sind ihre neuen Formen) von Kooperation«* (Tomasello, 2020, S. 14).

Folgt man Tomasello, ist das menschliche Denken grundsätzlich kooperativ. Menschenaffen (Schimpansen, Gorillas, Orang-Utans) als nächste Verwandte des Homo sapiens sind zwar soziale Wesen, leben aber ein »individualistisches und konkurrenzbetontes Leben, […] ihr Denken richtet sich auf die Erreichung individueller Ziele« (Tomasello, 2014, S. 18). Ihre sozialen Beziehungen sind durch Konkurrenz und Hierarchie strukturiert. Menschenaffen bevorzugen es beispielsweise, allein zu essen (ebd., S. 58).

Wenn Menschen mit Anderen an gemeinschaftlichen Aktivitäten teilnehmen, verfolgen sie gemeinsame Ziele und teilen die Aufmerksamkeit darauf, was dann individuelle Rollen und individuelle Perspektiven nach sich zieht, die koordiniert werden müssen. Hinweise auf kooperierende Individuen und eine soziale Selektion lassen sich bereits beim Frühmenschen vor etwa 400.000 Jahren nachweisen (Tomasello, 2020). Die sozialen Interaktionen der Frühmenschen waren jedoch zunächst dyadisch, bezogen sich also noch nicht auf eine Gruppe. Aber auch zu zweit bildete sich schon eine Zwei-Ebenen-Struktur von gleichzeitiger Gemeinsamkeit und Individualität aus (gemeinsame Intentionalität). Die Hypothese geteilter Intentionalität besagt, dass diese Geschichte eine evolutionäre Abfolge in zwei Schritten umfasst: gemeinsame Intentionalität, gefolgt von kollektiver Intentionalität.

> »*Am wahrscheinlichsten ist, daß der erste Schritt gemeinsamer Intentionalität sich in Afrika vor der Trennung der Entwicklungslinie zu den Neandertalern einerseits und den modernen Menschen andererseits entwickelte und für beide Arten charakteristisch war. Der zweite Schritt kollektiver Intentionalität entwickelte sich wahrscheinlich in einer Population moderner Menschen in Afrika, bevor sie vor etwa 100.000 Jahren in andere Teile der Welt auswanderten*« (Tomasello, 2014, S. 209).

Kollektive Intentionalität und die Anfänge menschlicher Kultur

Der moderne Mensch lebt seit ungefähr 150.000 Jahren in größeren sozialen Gruppen. Dies ging mit den Anfängen menschlicher Kultur und sozialer Selbstregulation einher (etwa über soziale Normen) (Tomasello, 2020). Seitdem sind kulturelle Lernprozesse an die Stelle genetischer Anpassung getreten (Habermas, 2009), denn die soziale und kulturelle Übermittlung von Erkenntnissen arbeitet um ein Vielfaches schneller als die genetische.

Mit »kollektiver Intentionalität« meint Michael Tomasello (2014, 2020) eine Selbstidentität der Gruppe mit überindividuellen Strukturen wie Konventionen, Normen und Institutionen. Kollektive Intentionalität ermöglicht die Abstimmung und Koordination zwischen Mitgliedern einer Kulturgruppe und die Koordination einer Art perspektivloser, »objektiver« Sicht auf die Dinge. Fertigkeiten zur kollektiven Intentionalität beginnen bei Kleinkindern ungefähr um den dritten Geburtstag herum: In diesem Alter fangen Kinder an, gewisse soziale Normen gegenüber Anderen durchzusetzen. Sie zeigen zum Beispiel eine Verpflichtung zur gemeinsamen Tätigkeit und stellen eigene Belohnungen zurück, damit der Spielpartner oder die Spielpartnerin auch seine oder ihre Belohnung erhält (Tomasello, 2020, S. 66). Kinder in diesem Alter beginnen sich an der Gruppe zu orientieren, sie erkennen den Unterschied zwischen Erscheinung und Wirklichkeit. Das Lernen durch Anweisung und das soziale Lernen treten in den Vordergrund. Die Kinder erwerben von den Erwachsenen (als Repräsentantinnen und Repräsentanten der Kultur) verallgemeinerbares, kulturelles Wissen. Dieser Prozess des sozialen Lernens setzt epistemisches Vertrauen voraus und wird aktuell als wichtiger Faktor bei der Entstehung psychischer Störungen gesehen.

Der Schritt von der gemeinsamen Intentionalität zur kollektiven Intentionalität vollzog sich wahrscheinlich, als menschliche Populationen größer zu werden und miteinander zu konkurrieren begannen. Diese Konkurrenz bedeutete, dass das Gruppenleben insgesamt zu einer gemeinschaftlichen Aktivität wurde und eine Gruppenkultur entstand. Das Gruppenbewusstsein beruhte auf der Fähigkeit, einen gemeinsamen Hintergrund durch kulturelle Konventionen (»So machen wir die Dinge hier«), Normen (Rituale) und Institutionen aufzubauen. Die Gruppenidentität war nicht nur räumlich ausgedehnt, sondern bezog sich auch zeitlich auf die Vorfahren und Nachkommen. Kollektive Intentionalität beinhaltet nach Michael Tomasello (2014, S. 124) also zwei Dimensionen:

1. *Synchrone soziale Organisation:* Soziale Interaktionen werden durch Kultur koordiniert. Durch die wechselseitige Kooperation und Abhängigkeit in der Gruppe gewann die soziale Bewertung an Bedeutung (die Wahl einer Betrügerin oder eines Trödlers für die Jagd oder Nahrungssuche bedeutete weniger Erfolg). Die Frühmenschen machten sich daher vermutlich bereits Sorgen über die Bewertung durch Andere, nämlich darüber, wie potenzielle Partnerinnen oder

Partner die Zusammenarbeit bewerteten (öffentliches Ansehen, Reputation).

2. *Diachrone Weitergabe von Wissen und Ergebnissen kultureller Praktiken:* Neue Arten kooperativer Kommunikation ermöglichten, dass Kinder in ihrer langen Entwicklungsphase neue Formen der kognitiven Repräsentation, des Schlussfolgerns und der Selbstbeobachtung aufbauen konnten. Soziales Lernen und Unterrichtung führen dann zu einer kulturellen Evolution.

Kooperation in Gruppen machte differenzierte Kommunikation notwendig, insbesondere das Auffordern, Informieren und Teilen (von Nahrung, Gefühlen und Einstellungen). Menschenaffen können zwar Intentionen anderer Affen und Menschen erfassen und kommunizieren gestisch, um aufzufordern; aber nur Menschen kommunizieren zum Zweck des Informierens und des Teilens, weil nur sie Intentionen aufeinander abstimmen. Michael Tomasello (2014) schlägt daher eine funktionale Theorie der Entwicklung von Sprache vor.

Die Struktur von Sprache entsteht nach Tomasello durch deren Gebrauch und basiert auf zwei basalen Fähigkeiten: der Fähigkeit zu sozialen Kognitionen (Intentionen erkennen, also Mentalisieren) und der Fähigkeit zur Mustererkennung. Wenn Menschen Symbole benutzen, um miteinander zu kommunizieren, knüpfen sie die Symbole aneinander zu Sätzen. Die kooperative Kommunikation wurde zu einer konventionalisierten, sprachlichen Kommunikation und beinhaltete nicht nur symbolische und perspektivische Repräsentationen, sondern auch an den Normen der Kultur ausgerichtete Konventionen.

Die menschlichen Sprachen sind sehr wahrscheinlich aus der gestischen Kommunikation (Zeigegesten und ikonische Gesten) heraus entstanden und setzen ein Verstehen von Intentionen Anderer voraus. Auffordern erfordert lediglich das Verständnis der Intentionen des Gegenübers. Informieren und Teilen hingegen erfordern eine geteilte Intentionalität: Wenn ich mich einer Gruppe von Hirschen von rechts nähere und ein Anderer von links, ist es hilfreich, zu überlegen, was der Andere als Nächstes macht und was er denkt, was ich als Nächstes unternehme. Menschen stellen solche Situationen mittels Kommunikation für Andere begrifflich dar. Die andere Person versucht dann zu verstehen, warum Ersterer meint, dass diese Situation für sie relevant sein könnte. Dazu gehören dann auch Annahmen über komplexe und rekursive Schlussfolgerungen, was zum Beispiel die Anderen denken, was ich denke, fühle oder anstrebe (Metakognition):

> *»Diese einzigartige Kommunikation – die nicht nur für den reifen Sprachgebrauch, sondern auch für die vorsprachliche Kommunikation von Kleinkindern charakteristisch ist – setzt sowohl einen geteilten Begriffsrahmen zwischen den Kommunikationspartnern (bzw. einen gemeinsamen begrifflichen Hintergrund) als auch eine Beurteilung der individuellen Intentionen und Perspektiven voraus«* (Tomasello, 2014, S. 16).

Das Zusammenleben in größeren Populationen und die Konkurrenz rivalisierender Gruppen förderten die Entwicklung von sozialem Verstehen, Antizipation und imaginativen mentalen Strategien. So wurde – neben der Kooperation – die Konkurrenz zum Motor der Entwicklung sozialer Kognitionen und kultureller Entwicklung.

> *»Der Erfolg des eigenen Bündnisses beruhte auf kompetenter sozialer Kognition, deren entscheidender Aspekt die symbolische Repräsentation mentaler Zustände ist – das, was wir als Mentalisieren bezeichnen. Das Rivalisieren mit intelligenten Artgenossen setzt voraus, dass man sie verstehen und überlisten kann«* (Allen & Fonagy, 2009, S. 93).

Lev Vygotskij (1978), auf den sich Tomasello mehrfach bezieht, geht davon aus, dass die höheren psychischen Funktionen des Menschen durch Verinnerlichung sozial erworben werden. Jede höhere psychische Funktion in der Entwicklung des Kindes trete zweimal auf, zunächst auf der sozialen und gesellschaftlichen, dann auf der psychischen Ebene, das heißt zunächst zwischenmenschlich, interaktionell und danach innerhalb des Kindes als intrapsychische Kategorie. So verbergen sich hinter allen höheren psychischen Funktionen gesellschaftliche Beziehungen (Lanwer & Kirsch, 2019). Die »Mittel« der Kommunikation, die von der Transformation des Interpsychischen ins Intrapsychische genutzt werden, sind »Zeichen«, also Symbole (Lanwer, 2019).

> *»Vygotskijs Hauptanliegen bestand darin, zu zeigen, dass die ›höheren kognitiven Funktionen‹ – die er ausdrücklich als einzigartig menschlich bezeichnete* […] *– nicht das Ergebnis von so etwas wie individuellem Lernen und Hypothesentesten sind. Vielmehr ergeben sie sich aus der Fähigkeit der Menschen, soziale Praktiken zu schaffen und zu verinnerlichen, insbesondere diejenigen, die mit dem Gebrauch kultureller Artefakte und Symbole als kognitive Prothesen zu tun haben«* (Tomasello, 2020, S. 429).

Tomasello (2014, 2020) entwirft ein anthropologisches Grundmodell, in dem Kooperation sowie gemeinsame und kollektive Intentionalität als »Kern« unseres Wesens betrachtet werden. Dabei nimmt die Entwicklung sozialer Kognitionen (also die Theory of Mind) eine zentrale Stellung ein. Er identifiziert Kriterien, durch die die modernen Menschen sich von den Menschenaffen unterscheiden:

- eine pro-soziale Einstellung,
- kooperatives Denken und Zusammenarbeit (gemeinsame Aufmerksamkeit, geteilte Intentionalität) und kooperatives Problemlösen,
- soziale Kognitionen (Mentalisierung, Theory of Mind), Perspektivenübernahme und Reflexion,
- Kommunikation (die Entwicklung von Sprachen),
- kulturelles Lernen (soziales Lernen als Weitergabe von Wissen über Generationen) sowie
- soziale Normen (als Ergebnis kollektiver Intentionalität), gemeinsame Verpflichtungen, ein Sinn für Fairness und Gerechtigkeit, ein Sinn für Scham und Schuld und ein Konzept moralischer Identität.

Es gibt gute Gründe, anzunehmen, dass diese Kriterien primär sind in dem Sinne, dass sie dem Individuum vorausgehen und eine kulturelle Matrix bilden, an der entlang sich die Entwicklung des Selbst und seiner Beziehungen vollzieht (Otto & Keller, 2014; Kirsch, 2019). Folgt man der hier skizzenhaft dargestellten und sicher noch weiter auszuarbeitenden Perspektive, so kann man die Mentalisierungsfähigkeit als wichtige anthropologische Größe und Teil des menschlichen Wesens sehen, denn die Fähigkeiten zur Kooperation, Selbststeuerung und Integration in sozialen Gruppen, die Symbolisierungs- und Imaginationsfähigkeit, die Mythenbildung sowie die Gestaltung von Konventionen und Gruppennormen sind Ergebnis der phylogenetischen Entwicklung und bauen auf der Fähigkeit zu sozialen Kognitionen auf.

Während sich die Theory of Mind jedoch mit den Unterschieden von Menschen und Menschenaffen (als Gattungsbegriff) bzw. zwischen dem Frühmenschen und dem modernen Menschen beschäftigt, steht im Zentrum des Mentalisierungsansatzes die individuelle Entwicklung. Peter Fonagy, Kolleginnen und Kollegen (2004) knüpfen an zentrale entwicklungspsychologische Erkenntnisse der Untersuchungen Tomasellos an und entwickeln sie weiter zu einer relationalen Theorie der Entwicklung des Selbst. Das Mentalisierungsmodell betont die zentrale Bedeutung der kindlichen Beziehungserfahrungen und der Verinnerlichungsprozesse, außerdem schließt es die Entwicklung psychopathologischer Prozesse ein, das heißt die Entstehung psychischer Störungen. Trotz unterschiedlicher Perspektiven der Theory of Mind, der psychoanalytischen Entwicklungsmodelle und der Mentalisierungstheorie besteht Konsens in der Betonung der frühen kindlichen Entwicklung. Die Mentalisierungstheorie kann dabei als ein Brückenkonzept verstanden werden, das Theory of Mind, Bindungstheorie und die psychoanalytischen Vorstellungen von Symbolisierung verbindet (Choi-Kain & Gunderson, 2008). Die Mentalisierungstheorie ist also nicht auf eine Subjekttheorie begrenzt, sondern kann auch zu soziologischen, anthropologischen und anderen sozialwissenschaftlichen Themenstellungen Beiträge leisten. Der Mentalisierungsansatz entwirft ein entwicklungsorientiertes Menschenbild, das auch in Pädagogik (»soziales Lernen«, Gingelmaier, Taubner & Ramberg, 2018), Sozialer Arbeit (»Partizipation und sozialer Ausschluss«, Kirsch, 2014) oder in der Gesellschaftskritik Anwendung findet (»Identitätsbildung in der Spätmoderne und Fremdenfeindlichkeit«, Brauner, 2018).

Entwicklungspsychologische Meilensteine

Bindung und Mentalisieren

Die Arbeitsgruppe um Fonagy untersuchte zunächst die Bindungstransmission, also die Weitergabe von Bindungsmustern über Generationen (Fonagy et al., 1991). Seitdem entstand eine ganze Reihe von Veröffentlichungen zur Bindungstheorie und der modernen Entwicklungspsychologie (Fonagy, 1998, 2003; Fonagy & Target, 2002, 2003, 2006; Fonagy et al., 2004; Gergely, Unoka & Trunk, 2011; Fonagy & Campbell, 2017). Sie beschrieben zunächst (Fonagy et al., 1991), wie die Mentalisierungsfähigkeit der Mutter die Ergebnisse in der »fremden Situation« besser voraussagen kann als das Konzept der Feinfühligkeit (Köhler, 2003). Sichere Bindung wird dabei als ein Erwerb von Regulierungsmechanismen für Erregungszustände (kindlichen Stress) verstanden. Eine sichere Bindung setzt Aufmerksamkeitsressourcen frei, die für die Entfaltung symbolisch-kognitiver Fähigkeiten notwendig sind. Das Affekterleben ist der Ursprung, aus dem sich schließlich in einer beständigen und sicheren Bindungsbeziehung Regulationsmechanismen und Mentalisierungsfähigkeit entwickeln.

Bis in die 1970er Jahre hinein war die zentrale Annahme psychoanalytischer Modelle über die Kindheit, dass das Neugeborene ein hilfloses Wesen sei (Dornes, 1998). Die Ergebnisse von Bindungs- sowie Säuglings- und Kleinkindforschung führten jedoch zu einer neuen Sichtweise, bei der der Säugling als aktiver, initiativer und alles in allem als kompetenter beschrieben wurde als zuvor (Gergely, 1992). Durch die Zusammenfassungen von Martin Dornes (1992, 1998) und Lotte Köhler (2003) wurden die Ergebnisse auch einem breiten Publikum im deutschsprachigen Raum nahegebracht.

Die empirisch gut abgesicherte Bindungstheorie (Strauß & Nolte, 2020) versteht Beziehungserfahrungen als Organisatoren emotionaler Reaktionen und als Katalysatoren für ein zunehmendes Verständnis von sich selbst und Anderen. Das Bindungsverhaltenssystem gilt als wichtige biologische Grundlage für enge soziale Beziehungen und als Schutz gegen Stress. Bindungsverhalten kann als Versuch betrachtet werden, unangenehme Emotionen mithilfe einer Bezugsperson zu regulieren. Das Kind sucht Nähe zu Bindungspersonen, zur Fürsorge und zur gemeinsamen Regulation von Affekten. Bindungssicherheit kann sich entwickeln, wenn das Verhalten der Bezugsperson vorhersagbar und angemessen ausfällt. Aus dem Blickwinkel des Mentalisierungskonzepts wird Bindung nicht nur als angeborenes Verhaltenssystem betrachtet, sondern dient als Rahmen der Entwicklung eines inneren Repräsentationssystems, das für die Entwicklung des Selbst, für die Regulierung von Affekten und für das Gelingen von sozialen Beziehungen wesentlich ist. Dabei wird Mentalisieren als Spezialfall sozialer Kognitionen angesehen und meint die Art und Weise, wie Bindungsbeziehungen interpretiert werden (Fonagy et al., 2004).

Unsichere Bindungsstile werden differenziert in unsicher-vermeidende, in unsicher-ambivalente Bindungsmuster und in desorientiertes und desorganisiertes Bindungsverhalten, bei dem es kein durchgängiges Muster im Umgang mit der Bindungsangst gibt (Ainsworth et al., 1978; Main, 1991; Strauß, 2021). Ein unsicher-vermeidendes Bindungsmuster entsteht häufig, wenn die Bezugsperson zwar vorhersagbar, aber wenig einfühlsam oder abweisend auf das Bindungsverhalten des Kindes reagiert, ein unsicher-ambivalentes Bindungsmuster dann, wenn die Bezugsperson in den Affekten und im Verhalten unvorhersehbar reagiert. Ein desorientiertes und desorganisiertes Bindungsverhalten entsteht, wenn die Bezugsperson zum Beispiel beim Kind Angst oder ein Gefühl von Bedrohung auslöst und gleichzeitig das Bindungssystem aktiviert wird, weil das Kind Schutz vor der Bezugsperson braucht. In dieser paradoxen Situation kann keine Bindungsstrategie entwickelt werden (Köhler, 2002).

Bindungssicherheit gilt als Schutzfaktor, während Bindungsunsicherheit, insbesondere Bindungsdesorganisation, als Risikofaktor für die Entstehung einer Psychopathologie gilt (Strauß & Nolte, 2020, S. 173).

Aus dem beobachtbaren Bindungsverhalten wird zunächst auf Bindungsmuster geschlossen, später entwickeln sich innere Arbeitsmodelle als Repräsentanzen. Innere Arbeitsmodelle beeinflussen die emotionale Stabilität und damit die psychische Gesundheit. Sichere innere Arbeitsmodelle beinhalten zudem die Erwartung, in unbekannten Situationen Sicherheit herstellen zu können. Als wichtige Ursachen für psychische Störungen gelten unsichere Arbeitsmodelle und die Abwehr der Angst vor dem Verlassenwerden. Die Aktivierung bindungsbezogener Ängste gilt als treibender Motor für hyper- und deaktivierende Bindungsstrategien im Umgang mit Stress (Mertens, 2012).

Menschen mit unsicheren Bindungsmustern unterscheiden sich in der Art, wie sie mit einer Aktivierung des Bindungssystems umgehen. Menschen mit unsicher-vermeidendem Bindungsmuster zeigen eher deaktivierende Strategien mit emotionaler Distanzierung und eine Betonung von Autonomie bei Stress. Menschen mit unsicher-ambivalentem Muster zeigen häufig hyperaktivierende Strategien, also ein eher klammerndes Muster in Beziehungen mit forderndem Verhalten und der Gefahr der Selbst-Andere-Konfusion.

Die Bindungstheorie lässt jedoch einige Fragen offen (Fonagy, 2003). Ein vergleichbares Fürsorgeverhalten der Eltern zum Beispiel kann von Kindern sehr unterschiedlich erlebt werden. Dies macht den Zusammenhang aktueller Erfahrung und ihrer Repräsentation komplizierter und begründet die Notwendigkeit, sowohl Bindungstheorie als auch Psychoanalyse weiterzuentwickeln. Dabei betont Peter Fonagy die Gemeinsamkeiten von Psychoanalyse und Bindungstheorie. »Sowohl die moderne Bindungstheorie als auch die moderne Psychoanalyse verfolgen das grundlegende erkenntnistheoretische Ziel, die inneren Mechanismen zu beschreiben, die für die Diskrepanz zwischen aktueller und psychischer Realität verantwortlich sind« (ebd., S. 168).

Die Bindungsforschung wird aufgrund ihrer Kulturabhängigkeit auch kritisiert (Keller, 2019). Untersuchungen zur Bindungstheorie beziehen sich überwiegend auf die sogenannte »WEIRD-World« *(western, educated, industrialised, rich, democratic)*, also den eher wohlhabenden westlichen, europäisch-nordamerikanischen Kulturkreis, und sind nicht ohne Weiteres auf andere Teile der Welt übertragbar. Autorinnen der transkulturellen Entwicklungspsychologie (Otto & Keller, 2014; Keller, 2019) halten zwar grundsätzlich am Modell einer angeborenen Bindungsmotivation fest, die Ausgestaltung der Bindungsmuster und der inneren Arbeitsmodelle sei jedoch stark kulturabhängig, weshalb sie von einem vereinfachenden, pathologisierenden Umgang mit den Bindungskategorien abraten. Diese Unterschiede betreffen auch die Art und Weise zu mentalisieren. In ersten vergleichenden Untersuchungen (Aival-Naveh, Rothschild-Yakar & Kurman, 2019) zeigten sich unterschiedliche Mentalisierungsprofile in verschiedenen Kulturen. Eher kollektivistische Kulturen betonen stärker die Mentalisierung des Anderen, im Gegensatz zu einer Konzentration auf die Mentalisierung des Selbst in eher individualistischen Kulturen. Sprachlich-linguistische Aspekte beeinflussen die Perspektive auf Mentalisierung ebenso wie Erziehungsziele oder die Betrachtung des Kleinkindes als »Lehrling« oder als »Meister« (Fonagy, 2022b, S. XV). Daher schlägt Fonagy vor, das Verständnis der Auswirkungen von Bindungsbeziehungen auf die Entwicklung des Selbst um den Baustein »Vertrauen« zu erweitern: »[d]as […] Ziel jenseits sicherer emotionaler Bindungen: der Aufbau einer Fähigkeit zu basalem Vertrauen und basaler Vertrauenswürdigkeit« (ebd., S. XIV).

Die Entwicklung des Selbst

Die Fähigkeit zu mentalisieren ist eng verbunden mit der Entwicklung des Selbst und vollzieht sich über die Erfahrungen früher sozialer Interaktionen hinweg (etwa das Pflegeverhalten der Betreuungspersonen). Damit sich die Mentalisierungsfähigkeit vor dem Hintergrund der kognitiven Entwicklung (ToM) herausbilden kann, muss das Kind Beziehungswissen erwerben. Dieses wird internalisiert, bildet generalisierte Erwartungshaltungen und organisierende intrapsychische Strukturen. Für Peter Fonagy und Mary Target (2002) sind die Einflüsse der frühen Beziehungserfahrungen auf die Affektregulierung, auf die Mentalisierungsprozesse und schließlich auf die Ausgestaltung der Selbststruktur zentral.

Eltern schreiben ihren Kindern von Beginn an Intentionen zu, dies fördert die Entwicklung des Selbst als Urheber. In Anlehnung an die Arbeiten von Daniel Stern (1985), der Arbeitsgruppe um György Gergely (Gergely & Csibra, 2005) sowie Michael Tomasello (2014, 2020) werden verschiedene Entwicklungsstufen des Selbst differenziert, in denen jeweils typische Entwicklungsaufgaben oder Errungenschaften im Vordergrund stehen.

In den ersten Lebensmonaten wird das Selbst als physischer und sozialer Akteur beschrieben (Taubner & Wolter, 2016). Zunächst steht die Entdeckung von Kontingenzen im Vordergrund: Der Säugling untersucht Zusammenhänge zwischen Reizereignissen. Säuglinge explorieren in den ersten drei Lebensmonaten zunächst hundertprozentige Kontingenzbeziehungen. Sie trainieren so die Kontrolle über ihren Körper durch Körperbewegungen, Selbstberührungen und propriozeptive Feedbacks (»Immer, wenn ich den Finger bewegen will, bewegt sich der Finger, was ich sehen und spüren kann«). Beginnt der Säugling mehr und mehr, eine perfekte Kontrolle auszuüben, dann bilden sich primäre Repräsentanzen des Körper-Selbst (Schultz-Venrath, 2021); dies ermöglicht ein Verständnis darüber, was zu mir gehört (Selbst) und was nicht zu mir gehört (Außenwelt). Nach dem dritten Lebensmonat verlieren Säuglinge zunehmend das Interesse an hundertprozentigen Übereinstimmungen und interessieren sich stärker für nur teilweise, aber überzufällig häufige (nicht-perfekte) Kontingenzen wie: »Wenn ich meine Mutter anlächle, lächelt sie meistens zurück.« So erkennen sie, dass alles, was nicht perfekt kontingent ist, nicht zu ihnen gehört. Dies ermöglicht die Unterscheidung von Innen und Außen, von Selbst und Nicht-Selbst (Debbané & Nolte, 2019).

Gemeinsame Aufmerksamkeit

Die menschliche Fähigkeit, mit Anderen eine gemeinsame Aufmerksamkeit herzustellen, gilt als grundlegend für menschliche Kommunikation und Kooperation. Frühe affektive und nachahmende Interaktionen stellen eine spezifisch menschliche Anpassung des Säuglings dar. Im neunten Lebensmonat fangen Säuglinge an, gemeinsame Aufmerksamkeit, Blickverfolgung und soziale Rückversicherung zu entwickeln sowie nachahmendes Lernen, imperative und deklarative Gesten zu zeigen (»Neunmonatsrevolution«). Sie beginnen, ihre Handlungen mit Anderen durch gemeinsame visuelle Aufmerksamkeit zu strukturieren (zum Beispiel im Geben und Nehmen von Gegenständen oder Vor- und Zurückrollen eines Balles). In gemeinsamer Aufmerksamkeit wird über einen außerhalb der Beziehung existierenden Gegenstand kommuniziert. Mithilfe sozialer Rückversicherung wird das eigene Explorationsverhalten von der Zustimmung der Bezugspersonen abhängig gemacht.

Der Säugling lernt ebenso ab dem neunten Lebensmonat, Ziele von den Mitteln zur Erreichung eines Ziels zu unterscheiden und die subjektiv zweckmäßigste Perspektive auszuwählen, um das Ziel zu erreichen. Das Kind handelt nun als teleologischer Akteur bzw. Akteurin, aber das Verhalten der Anderen kann noch nicht als intentional verstanden werden (teleologischer Modus). Es ist der Beginn eines eigenen Selbst, in dem sich das Kind als zielgerichteter Urheber oder als Urheberin erlebt (Csibra & Gergely, 1998). Gleichzeitig kann das Kind eigene innere Zustände noch nicht selbst regulieren und benötigt die Bezugsperson zur Regulierung.

Kleinkinder beginnen um ihren ersten Geburtstag herum mit der kooperativen Zusammenarbeit (gemeinsame Intentionalität). Dies beinhaltet die Interaktion mit Anderen durch gemeinsame Aufmerksamkeit, die Übernahme der Perspektive der Anderen und den kreativen Gebrauch der Zeigegeste (Tomasello, 2014). Die Herstellung gemeinsamer Aufmerksamkeit ist intrinsisch motiviert. Kleinkinder finden es befriedigend, psychische Zustände wie Aufregung und Neugier mit Anderen zu teilen. Dieser Kommunikationstrieb sei als einziger gattungsspezifisch (King, 2018, S. 640).

Gefühlszustände, Ziele und Aufmerksamkeit werden geteilt, dadurch wird eine Zwei-Ebenen-Struktur aus Gemeinsamkeit und Individualität konstituiert (Tomasello, 2020). Eine Zwei-Ebenen-Struktur ermöglicht unterschiedliche Perspektiven auf ein und denselben Gegenstand und ist grundlegend für die spätere Differenzierung in subjektive Einstellung und objektive Tatsache. Diese Zusammenarbeit auf zwei Ebenen ermöglicht einen neuen Typ sozialer Beziehungen: Ich und Du als Teil eines Wir (zum Wir-Modus siehe das Kapitel »Epistemisches Vertrauen«). Beide Partner oder Partnerinnen sind gleichwertig, dies ermöglicht neue Entwicklungen: »von der fairen Aufteilung der Beute« bis

»hin zu Bürgern, die miteinander in einer modernen bürgerlichen Gesellschaft Debatten führen« (Tomasello, 2020, S. 443).

Mit etwa 14 bis 18 Monaten beginnen Kleinkinder mit anderen Personen auf eine Weise zu interagieren, die auf gemeinsame Ziele hindeuten (Schimpansen tun das nicht). Neben der direktiven Kommunikation (die auch Menschenaffen benutzen) entsteht die informierende Information, um gemeinsame Tätigkeiten zu koordinieren. Die Komponenten gemeinsamer Aufmerksamkeit erscheinen in der normalen Ontogenese und in verschiedenen Kulturen alle innerhalb eines sehr engen Altersbereichs (12. bis 18. Lebensmonat). Gemeinsame Aufmerksamkeit, kooperative Kommunikation, Imitation durch Rollentausch, Zwei-Ebenen-Kooperation, elementares Helfen – dies alles deutet darauf hin, dass diese Komponenten durch einen starken Reifungsprozess kanalisiert werden (ebd.).

Markierte Affektspiegelung als soziales Feedback

Während die psychoanalytische Affekttheorie annahm, dass zunächst nur Lust und Unlust vom Säugling wahrgenommen werden, geht die neuere Kleinkindforschung von einer viel komplexeren Entwicklung aus (Dornes, 1998). Säuglinge erleben nicht nur verschiedene Emotionen, sondern auch Intensitätseigenschaften wie rasche, plötzlich an- oder abschwellende Affekte. Folgt man Peter Fonagy, Kolleginnen und Kollegen (2004), so können Basisemotionen nonverbal gezeigt und erlebt werden, liegen aber nur implizit als prozedurales Wissen vor und können vom Säugling selbst nicht differenziert werden (Taubner & Wolter, 2016).

René A. Spitz (1972) und später Luc Ciompi (2013) sehen Affekte als Motivatoren und Organisatoren der psychischen Entwicklung, sie bilden die Grundlage und den Antrieb für die Kommunikation zwischen Bezugsperson und Säugling. Affekte müssen zunächst interaktionell moduliert werden, das heißt, intensive Gefühle, etwa Angst, werden in den ersten Lebensphasen des Kindes vorwiegend von den wichtigsten Bezugspersonen einfühlsam reguliert; später wird diese Fähigkeit der Affektregulation vom Kind schrittweise internalisiert.

Eltern reagieren auf den Emotionsausdruck des Säuglings. Sie »markieren« dabei ihren spiegelnden Emotionsausdruck, zum Beispiel indem sie ihn etwas abmildern oder einen anderen Affekt beimischen. Dies ermöglicht dem Säugling, zu erkennen, dass die Bezugsperson auf seinen Ausdruck reagiert und es sich nicht um den Ausdruck der Bezugsperson selbst handelt. Der spiegelnde Ausdruck der Eltern entschärft die Angst des Kindes. Später wird ein primäres Gefühl (wie Angst) zusammen mit der Reaktion der Mutter als (sekundäre) Repräsentanz gespeichert. Die Entwicklung sekundärer Repräsentanzen emotionaler Zustände ermöglicht ein inneres Gleichgewicht (»Selbstkohärenz«) sowie eine Integration in die soziale Welt, in der man die Getrenntheit anderer Psychen respektiert, aber gleichzeitig enge emotionale Beziehungen aufbaut (Fonagy et al., 2004).

In diesem komplexen interaktionellen Prozess spielen Fantasien darüber, wie die Mutter das Kind sieht, eine bedeutende Rolle. Meldet die Mutter lediglich zurück, was sie beim Kind sieht, dann verliert der Spiegelungsprozess sein symbolisches Potenzial und die Spiegelung kann selbst zur Quelle der Angst werden. Bleibt das Spiegeln ganz aus oder vermischt sich die Angst des Kindes mit einer Angst der Mutter, dann kann die Entwicklung der Affektregulation tiefgreifend gestört werden (Fonagy & Target, 2002). György Gergely und John S. Watson (1996) konnten empirisch belegen, dass es über das Feedback der Bezugsperson möglich ist, Kontrolle über eigene Körperzustände zu erlangen. Wahrnehmung, Interpretation und Regulation von Affekten durch eine Bezugsperson vermitteln die Botschaft: Affekte sind veränderbar und steuerbar. Das Teilen von Gefühlen bei Säuglingen (wie Lächeln, emotionale Abstimmung mit Bezugspersonen, gemeinsame Aufmerksamkeit) erzeugt und verstärkt affiliative soziale Beziehungen als »grundlegendste motivationale Kraft« der geteilten Intentionalität. *»[D]ie starke Motivation menschlicher Säuglinge zur Abstimmung von Gefühlen und zur Angleichung an andere liefert den emotional-motivationalen Ausgangspunkt für die gesamte einzigartige menschliche Psychologie«* (Tomasello, 2020, S. 438).

Der direkte affektregulierende Einfluss elterlicher Interaktionen wird nach und nach durch mentale Repräsentanzen ersetzt. In der Entwicklung der Mentalisierungsfähigkeit gilt dies als Meilenstein. Die wichtigste Aufgabe markierter Spiegelung ist es daher, unintegrierte Aspekte von Selbstzuständen in kohärente Repräsentationen einzubinden. Die Bildung einer symbolischen Repräsentation von Affektzuständen ist die Grundlage für Affektregulation und Impulskontrolle (Target, 2013). Das Kind braucht die Nähe zu einem anderen Menschen, der durch markierte Spiegelungsaktionen ein äußeres Bild erzeugen kann, das im besten Fall mit dem inneren Zustand des Kindes übereinstimmt. Das sich seiner selbst gewahrwerdende Kind benötigt vorhersehbaren Input seitens der Bezugspersonen, um die Grenzen zwischen Anderen und sich selbst zu integrieren (Strauß & Nolte, 2020, S. 180). Eine zu geringe Trennschärfe der Grenze zwischen Selbst und Anderen führt mit erhöhter Wahrscheinlichkeit zu Entwicklungsstörungen, speziell zu solchen, bei denen die Integration von Körper und Psyche eingeschränkt und das Risiko psychosomatischer Erkrankungen erhöht ist (Debbané & Nolte, 2019).

Das fremde Selbst

Ein diffuses und ungespiegeltes Selbstempfinden bleibt potenziell überwältigend. Wenn die Spiegelung misslingt, weil die Betreuungsperson unmarkiert und/oder verzerrt spiegelt, internalisiert das Kind ein *mismatch*, ein fremdes Selbst, das die Neigung erzeugt, diese fremden Anteile zu projizieren (Bateman & Fonagy, 2007). Wenn die Affektspiegelung unangemessen markiert ist, passen das eigene Erleben (primäre Repräsentanz) und die Reaktion der Bezugsperson nicht zusammen, sie sind verzerrt und hinterlassen ein Fremdheitsgefühl (Inkohärenz). In diesem Fall repräsentieren sich im Selbst des Kindes verstärkt die Haltung und Botschaften der Bezugsperson – und nicht die eigenen Wahrnehmungen. Es bildet sich ein »fremdes Selbst«. Ein fremdes Selbst kann beispielsweise durch das Erleben früher traumatischer Erfahrung entstehen, insbesondere wenn die Person in der Folge unverstanden und ungeschützt bleibt. So kann ein Kind die Erfahrung, dass eine Bezugsperson, die es liebt und die ihm Sicherheit gibt, es aber dabei auch bedroht, nicht gleichzeitig denken und fühlen – dies ist nicht aushaltbar. Auch Verwahrlosung kann zur Entstehung eines fremden Selbst führen. Im Zusammenhang mit bedrohlichen oder desorganisierten Bindungserfahrungen wird dann versucht, die Nähe zur Bezugsperson auf Kosten der Reflexionsfähigkeit aufrechtzuerhalten.

Erfahrungen aus der äußeren Welt sind vom Erleben der inneren Welt nicht klar getrennt, wenn sie unmarkiert oder inakkurat markiert sind und nicht unterschieden werden können. In diesem unerträglichen Zustand der Konfusion werden in Notlagen die eigenen Gefühle in die äußere Welt projiziert (Schultz-Venrath, 2021). Dies geschieht nicht nur, um Schuldgefühle und unerträgliche innere Spannungen loszuwerden, sondern aus dem Versuch heraus, eine Kongruenz im Selbsterleben aufrechtzuerhalten. Mentalisierungsstörungen können in dieser Hinsicht als Schwierigkeiten, eigene und fremde innere Zustände korrekt zu identifizieren, verstanden werden. Die erhöhte Neigung zur Projektion ergibt sich aus dem inkohärenten Selbst. Die Inhalte der Projektionen können aus verinnerlichten Missbrauchserfahrungen stammen. Daraus wiederum können verzerrte Wahrnehmungen des oder der Anderen entstehen, besonders in nahen, emotional bedeutsamen Beziehungen.

Jeder Mensch hat fremde Selbstanteile in sich, aber Menschen unterscheiden sich im Ausmaß bzw. in der Intensität dieser Anteile und der Kohärenz des Selbst. In der normalen Entwicklung wird etwa Sexualität oder Aggression des Kindes oft nur teilweise markiert gespiegelt (Fonagy, 2008), weil sie bei der Bezugsperson zu viel »Unbehagen« hervorrufen und zu einer zurückhaltenden anstelle einer feinfühligen emotionalen Reaktion führen. Durch ihre Fremdheit, aber auch durch ihre bedrohlichen Anteile erzeugen fremde Anteile des Selbst zum Teil unerträgliche Gefühle. Patientinnen und Patienten mit einem fremden Selbst berichten zum Beispiel Gefühle von Leere und unerträglicher Missstimmung.

Die Entwicklung des Selbst im Spiel mit der Realität

Etwa mit Beginn des zweiten Lebensjahres und dem größeren Aktionsradius des Kindes werden Realität sowie Gedanken und Gefühle auf zwei Arten erlebt: im »psychischen Äquivalenzmodus« und im »Als-ob-Modus«. Das Kind oszilliert zwischen beiden parallel existierenden Modi bis zur Integration mit etwa vier bis fünf Jahren im reflektierenden Modus. Peter Fonagy und Mary Target (2006) vertreten die These, dass Säuglinge und Kleinkinder zunächst die innere Welt mit der äußeren Welt gleichsetzen *(psychische Äquivalenz)*. Kinder in diesem Alter nehmen Gedanken als Realität und nicht als Darstellungen oder Perspektiven wahr. Die Gedanken haben einen ähnlichen Effekt wie wirkliche Ereignisse. Bekannt ist das klassische Versteckspiel: Wenn das Kind die Augen verdeckt, ist es überzeugt, dass Andere es nicht sehen können. Der Umgang der Bezugspersonen mit den Gedanken fördert oder behindert die Entwicklung von Symbolisierung und Repräsentation. Eine einfühlsame Erfahrung des affektregulierenden Spielens hilft dem Kind, zu lernen, dass sich Gefühle nicht automatisch über die ganze Welt verteilen. Die psychische Gleichsetzung, ein Modus der Wahrnehmung der inneren Welt, kann auch zu schmerzhaften Erfahrungen Anlass geben, weil projizierte Fantasien große Angst auslösen und Selbst-Objekt-Grenzen noch nicht sicher etabliert sind. Der Erwerb des Als-ob-Modus ist daher ein entscheidender Fortschritt in der persönlichen Entwicklung.

Im Spiel (wie im *Als-ob-Modus*) wird die innere Befindlichkeit von der Realität getrennt. Das Spiel stellt den Alltag nach, modifiziert und entkoppelt ihn. Die Realität wird im Als-ob-Modus ausgeklammert oder zur Nebensache. Die Reaktion des Erwachsenen hilft dem Kind, eine externe Darstellung seiner inneren Zustände zu schaffen und zwischen Wirklichkeit und Fantasie zu unterscheiden. Nicht mehr das elterliche Gesicht, sondern die Spielfigur wird zur (externen) Darstellung der eigenen Gefühle und Gedanken. Reagieren die Eltern auf Spielangebote im Als-ob-Modus angemessen und spielerisch, wird dem Kind signalisiert, dass eigene Impulse und Wünsche von der Wirklichkeit getrennt sind und keine Auswirkungen haben. Im Spiel werden Gedanken und Gefühle von der Wirklichkeit abgekoppelt, sie werden irreal. Im Äquivalenzmodus sind sie »überreal«.

Svenja Taubner und Silke Wolter (2016, S. 158) unterscheiden zwei Kernaspekte des Als-ob-Modus:

1. »So tun, als ob« setzt eine symbolische Repräsentation von Gegenständen, Handlungen und Ereignissen voraus,
2. die Als-ob-Handlung bedarf einer expliziten Markierung, um sich von realistischen Handlungen zu unterscheiden.

Aufgrund der Verfügbarkeit sekundärer Repräsentationen und der damit zusammenhängenden Fähigkeit, Repräsentationen von der Realität abzukoppeln, kann das Kleinkind zumindest partiell Gefühle und Gedanken von ihren Referenzen ablösen und damit auch verändern. Dies eröffnet einen innerpsychischen Raum, der als Mentalisierungsvorläufer betrachtet werden kann. Im Als-ob-Spiel wird die Fähigkeit deutlich, Alternativen zur Realität zu konstruieren.

Kinder lernen bereits im zweiten Lebensjahr, zu verstehen, dass sich die Präferenzen Anderer von den eigenen unterscheiden können und subjektiv ausfallen. In einem Experiment kostete eine erwachsene Person im Beisein der Kinder jeweils Brokkoli und Kekse und zeigte eine starke Präferenz für Brokkoli, aber Abneigung hinsichtlich der Kekse, welche die Kinder bevorzugten. Sobald der Erwachsene mehrdeutig seine Hand ausstreckte und fragte, ob er noch ein paar davon mehr haben könne, reichten die 18 Monate alten Kinder Brokkoli, die 14 Monate alten jedoch die Kekse (Schlicht, 2018). Letztere haben noch keine symbolische Repräsentation entwickelt. Erst nach dem Erwerb der Symbolisierungsfunktion sind solche Unterscheidungen und ebenso frühe Abwehrmechanismen (wie zum Beispiel Projektion) möglich (Dornes, 1998).

Das Denken des Kindes bis zu diesem Alter ist handlungs- und wahrnehmungsgebunden, sensomotorisch nicht symbolisch. Peter Fonagy, Kolleginnen und Kollegen (2004) unterscheiden daher zwischen Abwehrmechanismen (defensive Externalisierung wie Projektion oder projektive Identifizierung) und markierter bzw. symbolischer Externalisierung wie dem Als-ob-Spiel oder in Tagträumen und kreativ-künstlerischen Ausdrucksformen (vor allem in Literatur, Kunst, Theater).

Das Selbst als mentalisierender Akteur

Im »Reflexiven Modus« (ab dem vierten bis fünften Lebensjahr) werden Äquivalenz- und Als-ob-Modus integriert, was ein Nachdenken über das eigene Selbst und über das vermutete Innenleben anderer Menschen ermöglicht. Unterschiedliche Perspektiven und falsche Überzeugungen werden bei sich und Anderen erkannt. In diesem Alter verstehen Kinder in der Regel die Koordination der beteiligten Perspektiven (subjektiv versus objektiv), dass etwa ein Gegenstand, der ein bestimmtes Ding zu sein scheint, in Wirklichkeit ein anderes ist (sieht aus wie ein Schwamm, ist aber ein Stein). In diesem Alter kann das Kind seine eigenen und fremde Überzeugungen als »repräsentational« verstehen und damit falsche Überzeugungen erkennen. Es entwickelt sich ein mentalisierender, Reflexiver Modus. Verschiedene Perspektiven können eingenommen werden.

Mentalisierung ermöglicht von nun an eine Kontinuität im Selbsterleben, da emotionale Neubewertungen und Bedeutungszuschreibungen möglich sind. Die Handlungen Anderer erlangen eine Bedeutung auf der Basis der Zuschreibung innerpsychischer Befindlichkeiten und sind somit vorhersehbar. Dieser Entwicklungsschritt erfolgt nicht plötzlich, vielmehr wechseln sich beispielsweise im Spiel progressive und regressive Funktionsweisen ab. »Wenn innerpsychische Konflikte jedoch die kindliche Psyche überfordern, verharrt das Kind in Teilbereichen seines psychischen Erlebens aufgrund der damit einhergehenden Abwehrprozesse im Modus der psychischen Äquivalenz, in dem Gedanken und faktische Realität übereinstimmen« (Taubner & Wolter, 2016, S. 162).

Dem Psychoanalytiker Donald W. Winnicott kommt das Verdienst zu, die Bedeutung des mütterlichen bzw. elterlichen Spiegelns für die Entwicklung eines Selbstgefühls und der Selbstregulation erkannt zu haben. Das Selbst, wie es Winnicott (1962) versteht, taucht nach seiner Erkenntnis auf, wenn sich das Kind als denkendes und fühlendes Wesen in der Psyche einer anderen Person wahrnehmen kann. Insofern knüpft auch Psychotherapie an frühe Interaktionsprozesse an:

> »Psychotherapie bedeutet nicht, kluge und geschickte Deutungen zu geben; im großen und ganzen stellt sie einen langfristigen Prozeß dar, in dem dem Patienten zurückgegeben wird, was er selbst einbringt. Psychotherapie hat im weitesten Sinne die Funktion des Gesichts, das widerspiegelt, was sichtbar ist. Ich betrachte meine Arbeit gern als einen solchen Vorgang und glaube, daß der Patient, wenn mir diese Arbeit gelingt, sein eigenes Selbst finden, leben und sich als real erleben kann« (Winnicott, 1973, S. 134ff.).

Epistemisches Vertrauen

Epistemisches Vertrauen ist das basale Vertrauen in andere Personen als sichere Informationsquellen (Sperber et al., 2010; Wilson & Sperber, 2012) und bezieht sich auf das Vertrauen in die Wahrheit und Relevanz von Informationen, die von Anderen mitgeteilt werden (Nolte & Fonagy, 2023, S. 23). Unsere Welt ist voller komplexer Anforderungen und die Dinge um uns herum sind nicht selbsterklärend. Deshalb sind wir auf vertrauenswürdige Personen als sichere Informationsquellen angewiesen.

Das Kind muss erst eine natürliche epistemische Wachsamkeit überwinden, um vertrauensvoll und aufnahmefähig für die sozial relevanten Informationen zu sein. Sichere Bindung fördert epistemisches Vertrauen (die epistemische Wachsamkeit wird herabgesetzt). Kathleen Corriveau, Kolleginnen und Kollegen (2009) konnten in einer Studie zeigen, dass das epistemische Vertrauen eines Kindes im Zusammenhang mit seiner Bindungssicherheit steht. Unsichere und besonders desorganisierte Bindungsrepräsentanzen können mit einem verstärkten epistemischen Misstrauen einhergehen. Dies erschwert ein Lernen in sozialen Beziehungen. Besonders desorganisiert gebundene Kinder gerieten in dieser Untersuchung (Aufgabenstellungen, die epistemisches Vertrauen erfordern) in eine epistemische, angstgesteuerte und intensive Anspannung *(epistemic hypervigilance)*, da sie weder sich selbst noch den Anderen (Mutter oder fremde Person) vertrauen konnten (ebd.).

Bei einer ungünstigen kindlichen Entwicklung (siehe Abbildung 1) stehen am Anfang des Lebens zum Beispiel Vernachlässigung, Gewalt oder sexueller Missbrauch. Bedeutende Bezugspersonen, auf die das Kind angewiesen und ohne deren Unterstützung es verloren ist, werden als nicht berechenbar, als bedrohlich oder feindselig erlebt. Aufgrund dieser Erfahrungen ist die Entwicklung von epistemischem Vertrauen eingeengt, eine extreme Wachsamkeit (epistemisches Misstrauen) entsteht. Im Selbst wird dabei durch widersprüchliche Erfahrungen der Aufbau kohärenter Strukturen erschwert. Anteile eines »fremden Selbst« bilden sich häufig. Personen mit einem hohen Misstrauen können in der Folge weniger auf eigene Explorationserfahrungen und ihre Ergebnisse zurückgreifen (Yamagishi, 2011). Zusammen mit der Einschränkung der Mentalisierungsfähigkeit wird das soziale Lernen dadurch erschwert. Epistemisches Misstrauen ist manchmal auch mit einem schnellen Wechsel zu einer erhöhten Leichtgläubigkeit verbunden (Kosugi & Yamagishi, 1998; Yamagishi, Kikuchi & Kosugi, 1999). Wenn wir kein klares Bild von uns haben, in unserer Identität unsicher sind und jemand etwas über uns sagt, das zutreffen könnte, werden die Zuschreibungen manchmal ohne Prüfung übernommen, um beispielsweise Teil einer Gruppe zu sein, damit wir uns zugehörig fühlen können.

Das epistemische Vertrauen wird in der neueren Entwicklung des Mentalisierungsansatzes zu einem zentralen Schlüsselkonzept (Fonagy & Allison, 2014; Fonagy, Luyten & Allison, 2015; Fonagy & Nolte, 2023). Sowohl die Mentalisierungstheorie als auch die Psychoanalyse (etwa Bion, 1962) gehen von einem epistemophilen »Trieb« aus, einem Streben nach Erkenntnis (King, 2018; Fonagy & Nolte, 2023). Weiter stützt sich das Konzept des epistemischen Vertrauens auf eine Reihe sozialpsychologischer Forschungsarbeiten (Baraitser, 2023) über die Transmission von Wissen durch soziale Mechanismen, zum Beispiel im Kontext einer »natürlichen Pädagogik« (Gergely & Csibra, 2006) oder der Idee »geteilter Intentionalität« (Tomasello, 2020).

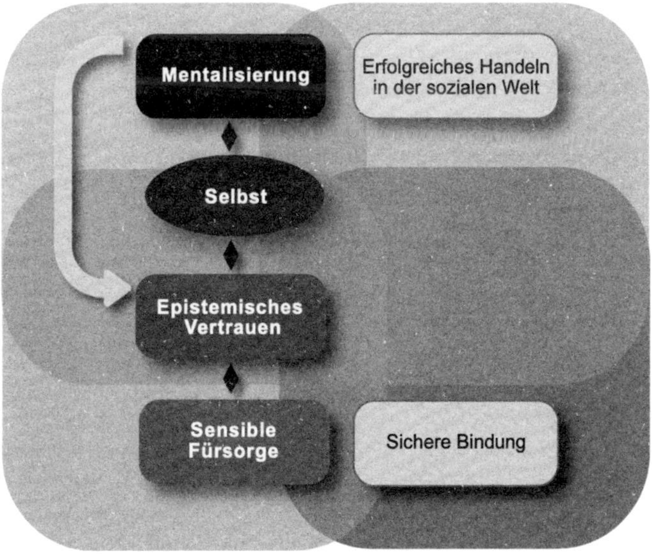

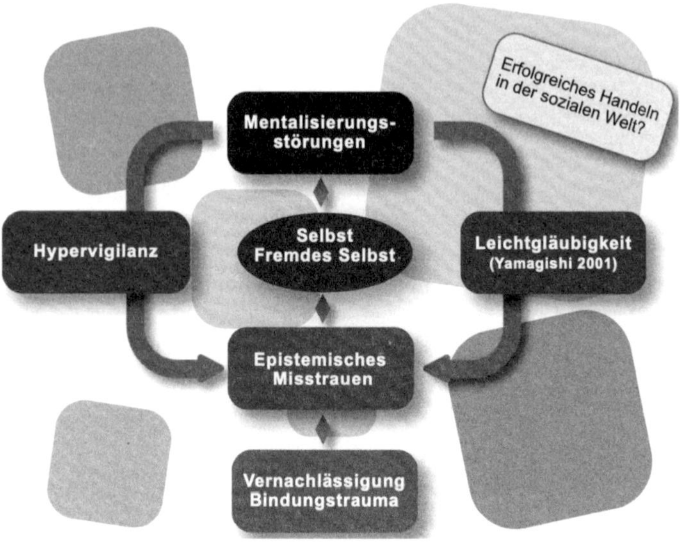

Abbildung 1: Erfolgreiches Handeln in der sozialen Welt (Brockmann, Kirsch & Taubner, 2022, S. 40; angelehnt an Fonagy, Luyten & Allison, 2015)

Ostensive cues oder kommunikationsanzeigende Hinweise

Csibra und Gergely (2009) argumentieren, dass Menschen sowohl die Fähigkeit haben, zu lernen als auch – dazu korrespondierend – die Fähigkeit zu lehren. Dies bezeichnen sie als »natürliche pädagogische Haltung«. Eine *natürliche pädagogische Haltung* nutzt bestimmte Kommunikationssignale, die dem oder der Lernenden signalisieren, dass jetzt wichtige Informationen folgen, die persönlich gemeint und zutreffend sind, die als kulturelles Wissen geteilt werden und generalisierbar sind (Fonagy, 2012). Diese Signale heißen *ostensive cues* (»anschauliche Hinweise«) und verringern die epistemische Wachsamkeit. Csibra und Gergely (2009) zeigen, wie Blickkontakt, geteilte Aufmerksamkeit und »Ammensprache« Kommunikationskanäle öffnen, die die Aufmerksamkeit lenken und das Vertrauen des Kindes in die Wichtigkeit und Generalisierbarkeit der Aussagen ihrer Bezugsperson verbessert. *Epistemisches Vertrauen* entsteht häufig dann, wenn das Kind über diese Kommunikationskanäle die Erfahrung macht, dass die Bezugsperson versucht, die Welt mit den Augen des Kindes zu sehen. Wesentlich für den Aufbau von epistemischem Vertrauen ist die Möglichkeit für den Lernenden, zu erkennen, dass die Lehrende ihn als einen mentalisierenden Akteur auf eine Weise wahrnimmt, wie sich der Lernende selbst erlebt (epistemische Übereinstimmung). Das Gefühl, als Akteur oder Akteurin anerkannt zu werden, dient als ostensiver, die Kommunikationsabsicht anzeigender Hinweis. So gilt: *»Wenn ich das Gefühl habe, verstanden zu werden, bin ich bereit, von der Person zu lernen«* (Nolte & Fonagy, 2023, S. 24).

Mentalisieren ist nicht Selbstzweck, es erweitert erheblich die Möglichkeiten sozialen Lernens. Fonagy und Nolte (ebd.) nehmen an, dass *Mentalisieren* und *Mentalisiert-Werden* entscheidende Mechanismen in sozialen Interaktionen sind. Epistemisches Misstrauen (oder Leichtgläubigkeit) stellen dagegen einen gemeinsamen Entwicklungsweg dar, durch den aversive Beziehungserfahrungen in der Vergangenheit einen starken Einfluss auf aktuelle psychosoziale Interaktionen ausüben können. Diese Zusammenhänge haben in der Therapie sehr praktische Konsequenzen: Wenn etwa eine Patientin in einer Therapie kontinuierlich misstrauisch ist und dadurch als starr, fixiert oder veränderungsunwillig erscheint, sollte eine Einschränkung des epistemischen Vertrauens in Erwägung gezogen werden. Die Annahme, dass es am »guten Willen« oder geringer Veränderungsmotivation liege, ist eine Deutung, die zwar für den Therapeuten oder die Therapeutin eine gewisse Entlastung liefert, aber oft in die Irre führt. Nach dieser neuen Sichtweise ist nicht die Patientin schwierig, sondern für den Therapeuten oder die Therapeutin schwer zu erreichen.

Fonagy und Nolte (2023) sowie Bateman, Campbell und Fonagy (2021) beschreiben drei Modi des Erlebens, die für die Entwicklung epistemischen Vertrauens und sozialen Lernens von Bedeutung sind. Sie greifen dabei eine Diskussion aus der Sozialphilosophie (Honneth, 2014) auf und erweitern sie (modifiziert nach Nolte & Fonagy, 2023, S. 27).

- »Ich-Modus« *(I-mode)*:
  - Er beinhaltet die subjektive Erfahrung des Kern-Selbst, kontinuierlich über die Zeit und nicht durch Andere referenziert. Von innen und von außen kommende Informationen tragen zum Ich-Zustand bei und bilden Repräsentationen erster Ordnung (zum Beispiel Wünsche, Motive, Gefühle).
  - Das fremde Selbst ist in das Selbstbild als Repräsentanz erster Ordnung eingebettet. Inkongruenz schafft Instabilität, fremde Anteile müssen externalisiert werden.
  - Der Ich-Modus hat Gemeinsamkeiten mit dem Ich im Strukturmodell Freuds.
- »Mich-Modus« *(me-mode)*:
  - Das Selbst kann sich selbst als Objekt betrachten (Repräsentanzen zweiter Ordnung), im sozialen Kontext wahrnehmen und kohärente Narrative bilden, was dem psychoanalytischen Modell des Selbst entspricht.
  - Der Mich-Modus beinhaltet die Fähigkeit, die mentalen Zustände Anderer angemessen zu erfassen. Dies ermöglicht gelingende soziale Interaktionen.
  - Die Repräsentanzen zweiter Ordnung schließen explizites, zum Beispiel sprachliches Mentalisieren ein.
  - Die Öffnungsbereitschaft oder das Verbergen mentaler Zustände weist auf eine differenzierte Einschätzung der sozialen Umwelt hin.
- »Wir-Modus« *(we-mode)*:
  - Die gemeinsame Aufmerksamkeit ist auf äußere Objekte und auf mentale Inhalte gerichtet.
  - Der Wir-Modus umfasst ein Gefühl von Zugehörigkeit und Momente des Wir-Gefühls.
  - In diesem Zusammenhang erfolgt die Koordinierung der Perspektiven bei der Kooperation.
  - Als Basis dient ein Verständnis, wie und warum sich mentale Zustände unterscheiden können, sowie die Unterscheidungsfähigkeit zwischen der subjektiven und der tatsächlichen (physischen) Realität.

Die Fähigkeit zum gemeinsamen Denken und Mentalisieren im Wir-Modus gilt als Schlüssel für das Lernen von Anderen. Der Wir-

Modus bedeutet ein Mentalisiert-Werden im Kontext kollektiver Intentionalität und hilft, epistemisches Misstrauen zu überwinden (Baraitser, 2023, S. 122). In therapeutischen Kontexten (etwa in der Mentalisierungsbasierten Therapie [MBT]) ist es die Aufgabe, epistemisches Vertrauen wiederherzustellen, indem die Erfahrung des Wir-Modus und soziales Lernen unterstützt werden. Dies fördert Gefühle der Handlungsfähigkeit und der Zugehörigkeit.

Epistemisches Vertrauen und soziale Umwelt

Chloe Campbell und Elizabeth Allison (2023) sowie Lisa Baraitser (2023) verknüpfen das Konzept des epistemischen Vertrauens mit sozialpsychologischen Fragestellungen. Die Autorinnen gehen beispielsweise der Frage nach, wie sich Situationen von Machtlosigkeit und Ungleichheit in der Gesellschaft auf die individuellen psychosozialen Ressourcen und das epistemische Vertrauen auswirken. Die Entwicklung epistemischen Vertrauens erfordert ebenso ein Verständnis von Formen sozialer und struktureller Gewalt oder der Verweigerung von Anerkennung und Inklusion. Diese können epistemisches Misstrauen durchaus als Überlebensstrategie erforderlich machen. Eine Familie zum Beispiel handelt immer innerhalb eines größeren sozialen Systems, das wiederum selbst mentalisierungsfördernd oder mentalisierungshemmend sein kann. Nicht-mentalisierende soziale Umgebungen (zum Beispiel autoritäres Verhalten oder Gewalt in der Familie, der Schule oder der Nachbarschaft) signalisieren dem Kind, dass es nicht mit einer verlässlichen und sicheren Umgebung rechnen kann, in der es hilfreich ist, zu vertrauen und eine Offenheit für soziales Lernen zu entwickeln (Campbell & Allison, 2023). Unter solchen Entwicklungsbedingungen ist es schwierig, Vertreterinnen und Vertreter lokaler Institutionen, zum Beispiel Nachbarinnen und Nachbarn, Lehrkräfte, Therapeutinnen und Therapeuten oder Sozialpädagoginnen und -pädagogen, als vertrauenswürdig zu betrachten und von ihnen zu lernen (Fonagy & Nolte, 2023).

Der oder die Einzelne muss, um eine sinnvolle Auseinandersetzung mit dem eigenen sozialen Umfeld zu gestalten, das Gefühl haben, als Akteurin oder Akteur anerkannt und vom sozialen System mentalisiert zu werden (Fonagy et al., 2021; Campbell & Allison, 2023). Dieser Perspektivwechsel gibt dem Sozialen eine primäre Rolle bei der Entwicklung von epistemischem Vertrauen und bringt neue Perspektiven in die Diskussion um die Entstehung von Fremdenfeindlichkeit, Verschwörungstheorien oder rechtsnationalen und populistischen Parteien. Wenn das epistemische Vertrauen beschädigt ist, ist die Aufnahmebereitschaft für neue Informationen stark eingeschränkt. Diese werden dann nicht als persönlich relevant oder sinnvoll verinnerlicht. Wissen (etwa Informationen während der COVID-19-Pandemie) wird nicht angewendet, da ihm nicht vertraut wird.

Für soziales Lernen liegt der Schlüssel zum Offenhalten der Lernkanäle in der Erzeugung von Erfahrungen der Anerkennung im nahen Umfeld wie in der weiteren sozialen Umgebung (Honneth, 2018; Fonagy et al., 2021).

Während zunächst davon ausgegangen wurde, dass sichere Bindungsrepräsentanzen eine Quelle der Resilienz gegenüber Psychopathologie seien, gehen jüngere Arbeiten (Baraitser, 2023; Campbell & Allison, 2023) davon aus, dass psychische Erkrankungen eine Folge von Störungen der frühen sozialen Kommunikation sind. Störungen der psychischen Funktion sind in diesem Modell daher im Wesentlichen Störungen des sozialen Lernens. In einer Welt, die sich ständig verändert, führt das Unvermögen von sozialem Lernen zu sozialer Isolation (etwa zum Rückzug vor Gleichaltrigen oder Lehrerinnen und Lehrern), Rigidität und schließlich zu einer Anfälligkeit für psychische Störungen.

Mentalisieren in verschiedenen Lebensabschnitten

Über den gesamten Lebensverlauf stellen sowohl Lebenskunst als auch Psychotherapie die Frage: Wie können biografische Brüche oder Schicksalsschläge verarbeitet werden? Auch aktuelle Diskurse zur (kritischen) Lebenskunst beschäftigen sich daher mit Selbstreflexion und Mentalisieren. Prozesse der Symbolisierung und Mentalisierung haben eine existenzielle Bedeutung, indem sie helfen, seelischen Schmerz zu regulieren und Kränkungen in Selbsterkenntnis umzuwandeln (Gödde, Zirfas & Wirth, 2020, S. 8). Auch wenn die Entwicklung der Mentalisierungsfähigkeit in der frühen Kindheit am deutlichsten ausgearbeitet ist, entwickelt sie sich lebenslang weiter (Lecours & Bouchard, 1997; Taubner, 2018). Lebensphasentypische Anforderungen (Adoleszenz, Elternschaft, hohes Lebensalter) und allgegenwärtige narzisstische Kränkungen stellen uns Menschen vor die Aufgabe, diese produktiv zu verarbeiten.

Adoleszenz

Aus der Alltagserfahrung heraus wird Adoleszenz als Krise (King & Flaake, 2005) mit einem raschen Zusammenbruch der Mentalisierungsfähigkeit beschrieben. Dies wird – unter anderem – durch Reifungsprozesse im Gehirn erklärt, denn die zunehmende Ausschüttung von Geschlechtshormonen führt in der frühen Adoleszenz zu einem Umbau neuronaler Netzwerke im Gehirn. Durch die hohe Dichte an Hormonrezeptoren im limbischen System sind die hormonellen Veränderungen in der Pubertät mit funktionellen und strukturellen Reorganisationsprozessen assoziiert (Konrad, 2011). Es kommt zu grundlegenden Veränderungen in Neurotransmitter-Systemen und in der Organisation der neuronalen Netzwerke (etwa zum Abbau synaptischer Kontakte oder zur Zunahme kortiko-kortikaler Verbindungen) sowie einem erst herabgesetzten, dann zunehmenden Einfluss des präfrontalen Cortex. Eine frühe Reifung subkortikaler Areale und eine verzögerte Reifung präfrontaler Kontrollareale (die zuständig für die Planung von Verhalten und von Emotionssteuerung sind) führen zu einem spezifischen Ungleichgewicht, da das weiter gereifte limbische System zunächst die Oberhand über das noch nicht ausgereifte Kontrollsystem gewinnt. Diese neurobiologischen Entwicklungsprozesse erklären beispielsweise ein erhöhtes Risikoverhalten, besonders in der frühen Adoleszenz (Greimel, 2011). Adoleszente können deutlich langsamer und weniger klar entscheiden als Kinder und Erwachsene, dass es eine schlechte Idee ist, riskantes Verhalten auszuprobieren (Bleiberg, Rossouw & Fonagy, 2012). Die Wahrnehmung und Verarbeitung von Jugendlichen unterscheidet sich dabei sowohl von Kindern als auch von Erwachsenen (Uhlhaas & Konrad, 2011).

Die kognitive Reifungsentwicklung führt auch zu Veränderungen in der Informationsverarbeitung. Formale Denkoperationen (ab dem 11. bis zum 14. Lebensjahr; Piaget, 2016) ermöglichen es, sich in Gedanken vollständig von der Alltagswelt loszulösen, etwa durch rekapitulierende Selbstwahrnehmung (etwa in Tagebüchern). Hypothesen, Schlussfolgerungen oder kreatives Denken ermöglichen es, sich von Emotionen zu distanzieren, was schließlich zu einer Erweiterung des Selbst führt (Fonagy et al., 2004). Gleichzeitig werden die Loslösung von den bis dahin prägenden Elternfiguren und die Hinwendung zu Freunden und Gleichaltrigen als Verunsicherung erlebt.

Solche Übergänge sind häufig mit einer Destabilisierung verbunden und entsprechen der Erfahrung der Adoleszenz als Krise. In der Adoleszenz müssen neue, komplexere soziale Erfahrungen verarbeitet werden (Taubner & Wolter, 2016). Besonders schwierig ist die Bewältigung des Übergangs von kindlichen zu erwachsenen Bindungen für diejenigen, die aufgrund von Bindungsdesorganisation oder frühen missbräuchlichen Übergriffen über keine sicheren inneren Arbeitsmodelle verfügen. Erst wenn die elterliche Kontrolle schwindet, wird die innere Leere (etwa ein fremdes Selbst) sichtbar (Fonagy et al., 2004). Der Anstieg psychopathologischer Auffälligkeiten in der Adoleszenz ist dabei eng mit der Mentalisierungsfähigkeit verbunden. Unter hohem emotionalen Druck neigen Jugendliche dazu, häufiger als früher ihre reflexiven Fähigkeiten zu verlieren oder zu hypermentalisieren. Sie reagieren auch deshalb oft hypersensibel auf ihre soziale Umwelt (ebd.).

Jugendliche, die sich ihres Gefühls für Verbundenheit und Ähnlichkeit mit den Bezugspersonen sicher sind, können die stärkere Getrenntheit von den Bindungspersonen eher tolerieren. Wichtiger gesellschaftlicher Fortschritt, Fantasien oder Tendenzen einer Generalabrechnung mit der Elterngeneration geschehen im Kopf, nicht so sehr im konkreten Handeln. Es herrscht ein rasches Oszillieren zwischen adoleszenter Distanzierung und infantiler Bindung (King & Flaake, 2005), und die enorme Plastizität des adoleszenten Gehirns ist für Umwelteinflüsse (Schule, Psychotherapie, Pädagogik und soziale Einflüsse) in diesem Lebensabschnitt besonders offen (Uhlhaas & Konrad, 2011).

Neben den Ergebnissen der Hirnforschung und Hypothesen zu intrapsychischen Entwicklungen in der Adoleszenz sind die empirischen Ergebnisse weniger eindeutig. Zum Beispiel lösen

Adoleszente ihre lebensphasentypischen Konflikte oft unter Beibehaltung der Beziehung zu den Eltern (Dornes, 2012), was für insgesamt gute intergenerationelle Beziehungen spricht. Auch zeigen empirische Untersuchungen an nicht-klinischen Stichproben keinen Einbruch der reflexiven Kompetenz in der mittleren Adoleszenz (15 bis 18 Jahre) im Vergleich zu Erwachsenen (Taubner, 2018). Stattdessen lässt sich ein Geschlechtereffekt beschreiben: Junge Frauen zeigten signifikant höhere Werte in der reflexiven Kompetenz als männliche Adoleszente. Svenja Taubner geht daher davon aus, dass es sich um geschlechtsspezifisch unterschiedliche oder zeitversetzte Entwicklungspfade der Mentalisierung in der Adoleszenz handeln muss.

Mentalisieren im mittleren und hohen Lebensalter

Für das mittlere Lebensalter existieren bisher kaum aussagekräftige Untersuchungen, lediglich für Subgruppen (etwa für Eltern in Bezug auf die Fähigkeit, ihre Kleinkinder zu mentalisieren) liegen Publikationen vor (Taubner & Wolter, 2016). Die wissenschaftliche Literatur zum Mentalisieren im höheren Lebensalter ist ebenfalls noch spärlich (Schneider, Wunner & Waller, 2021; Peters, 2020, 2023), es zeigen sich jedoch Hinweise darauf, dass sich mit dem Alter Voraussetzungen für die Mentalisierungsfähigkeit verschlechtern können und in zunehmendem Alter mit wachsenden Defiziten zu rechnen ist (Peters, 2020). Schneider, Wunner und Waller (2021) wiesen in ihrer Übersichtsarbeit bei der überwiegenden Anzahl der älteren Menschen eine verringerte Leistung in Mentalisierungsaufgaben nach. Qualitäten wie komplexes Denken, Selbstreflexion, Humor oder Lebensfreude nehmen mit der Zeit ab. Jedoch handelt es sich bei den Studien ausschließlich um Querschnittstudien, die Unterschiede zwischen zwei oder mehreren Altersgruppen untersuchten. Zusammenfassend halten die Autorinnen (ebd.) fest, dass sich die Mentalisierungsfähigkeit wahrscheinlich wie ein Teil der fluiden Intelligenz verhält, die im Alter leicht abnimmt, während das »Weisheitsmodell« eher auf Erfahrung basiert und daher mehr den kristallinen Fähigkeiten zuzurechnen ist, die im Alter keine Einbußen erfahren. Andere Aspekte, beispielsweise die eigenen Lebenserfahrungen zur Problemlösung zu nutzen, Selbsttranszendenz oder Perspektivenübernahme, nehmen eher zu (Taubner, 2018). Als strukturbildende Prozesse sind Symbolisierung und Mentalisierung lebenslang durch unlösbar erscheinende Konfliktsituationen und psychische wie physische Traumata störbar (Deserno, 2020). Nicht nur traumatische Kindheitserfahrungen, sondern auch traumatisierende Erlebnisse im jungen, mittleren und hohen Erwachsenenalter können Einbußen des Mentalisierens nach sich ziehen, was sich im vermehrten Rückgriff der Betroffenen auf prämentalistische Modi äußert (Schneider, Wunner & Waller, 2021).

Teil II

Klinische Anwendungen des Mentalisierungsmodells

Das Mentalisierungskonzept versteht sich als Brückenkonzept und als wichtiger gemeinsamer Wirkfaktor von Psychotherapie. Dieser Anspruch soll hier mit dem Verweis auf Ergebnisse aus der Psychotherapieforschung und einem allgemeinen Modell von Psychotherapie als dreifaches Kommunikationsmodell untermauert werden.

In den von Wampold, Kolleginnen und und Kollegen durchgeführten Metaanalysen (Wampold, 2015; Laska, Gurman & Wampold, 2014; Wampold, Imel & Flückiger, 2018) wurden die Ergebnisse der Therapiestudien über die bekanntesten Bona-Fide-Psychotherapieverfahren analysiert. Viele der Therapiestudien – um nicht zu sagen: die meisten – sind bemüht, die Überlegenheit eines Verfahrens gegenüber einem anderen Therapieverfahren zu belegen. Wampold, Kolleginnen und Kollegen kamen jedoch zu Ergebnissen, die den Wettbewerb um das wirksamste Therapieverfahren infrage stellen.

Die Metaanalysen, die mehrere hundert empirische, randomisierte kontrollierte Studien einschlossen (RCT-Studien) – als »Goldstandard« empirischer Studien – zeigten, dass allgemeine Wirkfaktoren den Hauptanteil am Veränderungspotenzial von Psychotherapie ausmachen. Zu diesen Faktoren gehören die therapeutische Beziehung, Empathie, die Zielübereinstimmung und Kooperation sowie persönliche Eigenschaften der Therapeutin oder des Therapeuten. Als Ergebnis der neueren Psychotherapieforschung gilt daher, dass wahrscheinlich die allen evidenzbasierten Behandlungsverfahren gemeinsamen Faktoren den größten Teil der Wirksamkeit der Bona-Fide-Behandlungsverfahren ausmachen. Diese Erkenntnis ist nicht neu (Goldfried, 1982, 2020), wird aber nur zögerlich aufgenommen, weil sie den Wettbewerb der einzelnen Therapieverfahren doch stark infrage stellt.

Ein weiterer Aspekt ist das Problem der Komorbidität. Die bei Patientinnen und Patienten häufig gefundene Komorbidität führt im aktuellen wissenschaftlichen Diskurs zu der Annahme eines gemeinsamen Psychopathologiefaktors. Eine psychische Störung, die allein durch eine Symptomatik beschrieben werden kann, kommt in der Realität eher selten vor. Die Regel ist Komorbidität, meist haben Patientinnen und Patienten also mehr als eine psychiatrische Diagnose. Dies zeigen auch die empirischen Analysen von Caspi, Kolleginnen und Kollegen (2013), Sharp, Kolleginnen und Kollegen (2015) sowie Ha, Kolleginnen und Kollegen (2014). All diese Studien kommen zu dem Ergebnis, dass sich die verschiedenen psychischen Beeinträchtigungen am besten durch einen gemeinsamen Faktor darstellen lassen. Entscheidend ist den Studien zufolge die Schwere der Beeinträchtigung und nicht die Unterschiede in der einzelnen Symptomatik. Die Schwere einer Erkrankung lässt sich dabei am besten durch einen gemeinsamen *P-Faktor* (»P« steht dabei für »Psychopathologie«) beschreiben (Caspi et al., 2013). Zudem ist bei den meisten Störungen nicht die Symptomatik, sondern die interpersonale Beeinträchtigung der bedeutendste Teil der Belastung.

Da keine der großen Psychotherapieschulen (kognitive Verhaltenstherapie, psychodynamische Therapien, systemische Therapie und klientenzentrierte Therapie) eine eindeutige Überlegenheit gegenüber den anderen Verfahren hat und die allgemeinen Wirkfaktoren einen größeren Anteil am Therapieergebnis erklären können als die verfahrensspezifischen (Wampold, 2015), ist die Suche nach einem neuen allgemeinen Modell der Wirkungsweise von Psychotherapie berechtigt. Peter Fonagy und Liz Allison (2014) sowie Fonagy, Kolleginnen und Kollegen (2019) schlagen auf Grundlage der These, dass Kommunikation das Gemeinsame aller psychotherapeutischen Verfahren ist, ein Modell von Psychotherapie als Kommunikationssystem vor.

Psychotherapie als dreifaches Kommunikationssystem

Psychotherapie ist zwischenmenschliche Kommunikation. Ausgehend von der Erkenntnis, dass Entstehung und Aufrechterhaltung psychischer Belastungen wesentlich mit interpersonalen Beeinträchtigungen in Zusammenhang stehen und die allgemeinen Wirkfaktoren am besten den Erfolg von Psychotherapie voraussagen können, schlagen Fonagy, Campbell und Allison (2019) folgende Dimensionen vor.

Therapietheorie der Therapeutin oder des Therapeuten

Alle evidenzbasierten Psychotherapieformen vermitteln der Patientin oder dem Patienten eine Sichtweise über sich selbst, seine oder ihre Probleme, die eigene Psyche, und wie Veränderungen durch den Therapieprozess möglich werden können. Diese Perspektive reflektiert die Erkenntnis, dass es keine »richtige« oder »falsche« Therapietheorie gibt, auch wenn Unterschiede eine Rolle spielen und es sicher Theorien unterschiedlicher Qualität und Glaubwürdigkeit gibt. Die Therapietheorie ermöglicht den Patientinnen und Patienten jedoch ein »persönliches Narrativ« und eine neue Sichtweise auf die Entstehung ihrer Schwierigkeiten sowie auf Möglichkeiten der Veränderung. Eine in sich kohärente Therapietheorie generiert Hoffnung, liefert Erklärungsmodelle für die Beschwerden und dafür, wie sie sich bessern können. Die Theorie vermittelt Sicherheit und fördert das epistemische Vertrauen bzw. reduziert die epistemische Alarmbereitschaft. Sie kann – überzeugend vertreten durch die Therapeutin oder den Therapeuten – zu einem Weg aus der epistemischen Erstarrung werden, der wieder neues affektives, kognitives, bewusstes und unbewusstes Lernen ermöglicht.

Wiedererlangen einer robusten Mentalisierungsfähigkeit

Die Förderung der Reflexion ist ein gemeinsamer Faktor in allen wissenschaftlich begründeten Therapieverfahren (Allen, Fonagy & Bateman, 2011). Eine mentalisierungsfördernde Haltung, die durch eine Reflexion über sich selbst und über relevante Beziehungen charakterisiert ist, hilft Brüche in der therapeutischen Beziehung als Missverständnisse zu klären. Sie ermöglicht ein *rupture and repair* in der therapeutischen Beziehung

(Fonagy, Campbell & Luyten, 2023). Ein Muster von Synchronie, Disruption und Reparatur fördert ein realistisches Vertrauen – sofern die Zeiträume der Nicht-Übereinstimmung kurz bleiben – sowie eine vertrauensvolle intuitive Zuversicht (Allen, 2022). Mentalisierungsfördernde Interventionen stärken unter anderem deshalb das Vertrauen des Patienten oder der Patientin in die therapeutische Beziehung, weil Wahrnehmung, Gefühle und Sichtweisen des Patienten bzw. der Patientin als seine bzw. ihre Erfahrung angenommen werden.

Die Förderung von Mentalisierung und ein gemeinsames Verstehen schaffen einen *we-mode* (Wir-Modus) zwischen Therapeutin und Patient. Das Konzept des *we-mode* wird in verschiedenen Wissenschaftsbereichen verfolgt, beispielsweise in der Psychotherapie (Fonagy, 2022a), in der Anthropologie (Tomasello, 2022) und in der Sozialphilosophie der Frankfurter Schule (Honneth, 2010). Der zentrale Gedanke im Konzept des *we-mode* ist das Teilen eines Verständnisses, das die Anerkennung des oder der Anderen voraussetzt, denn der *we-mode* ist eine Koordination zwischen den eigenen subjektiven Erfahrungen, der Gültigkeit und Akzeptanz der Erfahrungen einer anderen Person sowie der objektiven Evaluation einer äußeren Realität.

Der *we-mode* ist ein Schlüssel zur Wiederherstellung von epistemischem Vertrauen. Er schafft einen gemeinsamen kreativen Prozess. Er ist eine Kreation, die nicht von Dauer ist, er kommt und geht und muss immer wieder neu geschaffen werden (Fonagy & Nolte, 2023). Dabei akzeptiert die Therapeutin den Patienten als erkennendes Subjekt und validiert empathisch dessen Erfahrungen und Affekte. Der Patient verringert dadurch sein epistemisches Misstrauen und kann seine Fähigkeiten zu mentalisieren erweitern.

Wiederherstellen des sozialen Lernens

Der größte Nutzen für die Patientinnen und Patienten in der Therapie liegt wahrscheinlich in der Anwendung der Mentalisierungsfähigkeit auf die sozialen Erfahrungen außerhalb der Therapie, auf die Welt zwischen den Therapiestunden und nach der Beendigung der Therapie. Die wiedererlangte Mentalisierungsfähigkeit und die

Verringerung des epistemischen Misstrauens (oder der Leichtgläubigkeit) ermöglichen es dem Patienten oder der Patientin, seine oder ihre epistemische Isolation, die oft mit alten pathogenen Überzeugungen verbunden war, zu verlassen und neue Erfahrungen zu machen sowie neue Sichtweisen auf die soziale Umwelt zu finden. Auch die jüngere Therapieforschung legt nahe, dass die wichtigen Veränderungen zwischen den Stunden passieren, im sozialen Feld außerhalb der Therapie (Bohart & Wade, 2013, S. 243).

Die Veränderungsmöglichkeiten sind dabei stark abhängig von der sozialen Welt, in der der Patient oder die Patientin lebt. Wenn die soziale Umwelt des Patienten oder der Patientin gegenüber den Erweiterungen der Mentalisierungsfähigkeit und der Reduktion des epistemischen Misstrauens günstig eingestellt ist, trägt dies zur Weiterentwicklung bei. Ist aber die soziale Umgebung aversiv und dem Patienten oder der Patientin gegenüber feindselig eingestellt, ist ein Optimismus hinsichtlich des Nutzens der Erweiterung der Mentalisierungsfähigkeit und der Reduzierung des epistemischen Misstrauens wenig gerechtfertigt. Hier sind die Veränderungen der sozialen Bedingungen oder ein besonderer Schutz des Patienten oder der Patientin die primäre Aufgabe. Eine Einschränkung der Mentalisierungsfähigkeit kann auch ein Schutz sein, beispielsweise um nicht von überschwemmenden Affekten blockiert zu werden.

Effektives und ineffektives Mentalisieren

In der Anwendung des Mentalisierungsansatzes hat sich eine Unterscheidung in effektives und ineffektives Mentalisieren durchgesetzt. Daher wird zunächst beschrieben, was unter gelingender oder ineffektiver Mentalisierung zu verstehen ist; daran anknüpfend werden verschiedene prämentalisierende Modi erläutert sowie die verschiedenen Mentalisierungsdimensionen vorgestellt, die in ihrer Komplexität und Flexibilität effektives Mentalisieren ausmachen. Darauf aufbauend wird ein neurobiologisches Stressmodell eingeführt, das den Zusammenbruch der Mentalisierungsfähigkeit unter (psychosozialem) Stress erläutert. Diese Konzepte bilden die Grundlage für therapeutisches Handeln, indem sie helfen sollen, Mentalisierungsstörungen zu erkennen, Interventionen vorzubereiten sowie Sicherheit und eine Öffnung für Veränderungen zu fördern.

Gelingendes Mentalisieren

Gelingendes Mentalisieren bedeutet, Affekte und Kognitionen zu integrieren (Fonagy et al., 2015). Durch ein verbessertes Mentalisieren entsteht ein Puffer zwischen Gefühl und Handlung, sodass konflikthafte interpersonale Erfahrungen und schwierige Affekte reflektiert werden können. Effektives Mentalisieren berücksichtigt die Komplexität sozialer Beziehungen einschließlich der eigenen Bindungsgeschichte und ein Bewusstsein für innere Ambivalenzen und Konflikte (Diez Grieser & Müller, 2018). Effektives Mentalisieren (unter anderem ein Therapieziel in der MBT) ist gekennzeichnet durch folgende Merkmale (Luyten et al., 2015; Taubner et al., 2019, S. 6ff.):

- Aspekte der *Selbstwahrnehmung*:
  - eine neugierige Haltung gegenüber Gedanken und Gefühlen,
  - die Wahrnehmung von Konflikten, etwa sich widersprechenden Ideen und Gefühlen,
  - die Würdigung vorbewusster und automatisierter Funktionen (nicht immer alle psychischen Anteile können bewusst sein, besonders in Konfliktsituationen),
  - ein Interesse an Unterschieden (andere Menschen funktionieren psychisch ganz unterschiedlich im Vergleich zu einem selbst, etwa Kinder und Jugendliche),
  - das Bewusstsein für die Auswirkungen von Affekten und wie sie das Verständnis für Andere verstellen können,
  - Veränderlichkeit (die eigene Sicht und das Verständnis Anderer ist über die Zeit hinweg wandelbar),
  - eine Entwicklungsperspektive (im Laufe der eigenen Entwicklung wächst das Verständnis für sich selbst und Andere),
  - ein realistischer Skeptizismus (die eigenen Gefühle können von Zeit zu Zeit verwirrend sein),
  - ein reiches inneres psychisches Erleben,
  - eine autobiografische Kontinuität sowie
  - fortgeschrittene Kommunikationsfähigkeiten (gut zuhören und sich selbst gut erklären zu können).

- Aspekte der *Fremdwahrnehmung*:
  - ein genuines Interesse am Gegenüber, besonders an den Gedanken und Gefühlen,
  - Offenheit, Neues zu erfahren,
  - Kontemplation und Reflexion (einen Wunsch zu haben, in Ruhe über Andere nachzudenken, statt schnell zu reagieren),
  - Perspektivenübernahme und Perspektivenflexibilität (dasselbe Ereignis kann völlig unterschiedlich wahrgenommen werden),
  - die Anerkennung der Verborgenheit von Gefühlen,
  - die Abwesenheit paranoider Vorstellungen (die Gedanken Anderer werden nicht als bedrohlich angesehen; die Gewissheit ist vorhanden, dass sich Vorstellungen verändern können),
  - die Fähigkeit, Anderen zu verzeihen (auf der Grundlage des Verständnisses mentaler Befindlichkeiten) sowie
  - das Gefühl von Vorhersehbarkeit (Menschen handeln nicht völlig irrational, sondern auf der Grundlage mentaler Befindlichkeiten).
- *allgemeine Werte* und *Haltungen*:
  - Respekt, Bescheidenheit, Verantwortungsbewusstsein und Zuverlässigkeit,
  - Flexibilität,
  - Kompromissbereitschaft,
  - Verspieltheit und Humor,
  - Vorsicht im Sinne eines Fehlens absoluter Sicherheit darüber, was richtig und falsch ist, sowie
  - eine Präferenz für Komplexität und Relationismus.

Ineffektives Mentalisieren

Eine Störung der Mentalisierungsfähigkeit erkennt man meist an einem Rückgriff auf prämentalisierende Modi (teleologischer Modus, Äquivalenzmodus und Als-ob-Modus).

Äquivalenzmodus

Im Erwachsenenalter greifen manche Menschen auf den psychischen Äquivalenzmodus zurück, dabei wird die innere Welt (Gefühle und Einstellungen) mit der äußeren gleichgesetzt. Mit dem psychischen Äquivalenzmodus gehen zum Beispiel folgende Denk- und Verhaltensmuster einher:

- Verallgemeinerungen (»immer«, »nie«),
- »Ich fühle es so, also ist es so« (»Ich fühle mich bedroht, also bist du bedrohlich«),
- Schwarz-Weiß-Denken,
- Anschuldigungen, Vorwürfe,
- rigides Festhalten an plausiblen oder unplausiblen Erklärungen sowie
- konkretistische Schilderungen (viele eher ermüdende Details, Fakten, bei denen die Affekte abgewehrt sind, aber nur sachlich erscheinen).

Pseudomentalisieren und Hypermentalisieren

»Pseudomentalisieren« bedeutet einen Rückgriff auf den Als-ob-Modus; innere Welt und äußere Realität sind, wie im Spiel, voneinander abgekoppelt. Diesen Modus des Erlebens und Erzählens erkennt man häufig an der Schilderung mentaler Theorien, etwa psychologischer Theorien, die verwendet werden, aber nicht passen, fehlerbehaftet sind oder vorrangig den eigenen Interessen dienen. Es fehlt die Verbindung zwischen innerer und äußerer Realität und damit die »Bodenhaftung«. Taubner, Fonagy und Bateman (2019) unterscheiden drei Formen des Pesudomentalisierens:

1. *intrusives* Pseudomentalisieren (als Sicherheit in der Annahme über Motive Anderer: »Es ist ganz klar, dass der Mathematiklehrer mich von Anfang an nicht mochte«),
2. *hyperaktives* Pseudomentalisieren (als Idealisierung eigener Einsichtsprozesse; Gedanken über Andere bleiben eher konfus) und
3. *destruktiv-inakkurates* Pseudomentalisieren (zum Beispiel die Verleugnung von Gefühlen Anderer: »Ich bin hundertprozentig sicher, dass mein Kind unter den Besuchskontakten mit seinem Vater leidet«).

Teleologischer Modus

Im teleologischen Modus zählen nur Handlungen; diese haben zunächst keinen verborgenen Sinn, sondern dienen vorrangig der Affektregulation. Dadurch entsteht ein Druck oder Zwang, dass jetzt etwas passieren muss. Motive Anderer werden ausschließlich an deren Handlung abgelesen (»Wenn Sie mir wirklich helfen wollen, dann tun Sie dies …«) oder Mentalisierung wird eingesetzt, um das Verhalten eines oder einer Anderen zu kontrollieren. Dies geschieht oft auf eine Art und Weise, die schädlich bzw. nachteilig für die oder den Anderen ist.

Mentalisieren in Beziehungen

Mentalisierung ist nicht nur eine *intrapsychische*, sondern genauso eine *interpersonale* Fähigkeit. Die Mentalisierungsfähigkeit hängt eng mit dem Beziehungskontext zusammen. So zeigen sich oft besondere Mentalisierungsschwierigkeiten in der Beziehung zur Mutter, zum Vater oder zum Partner bzw. zur Partnerin – und vice versa. Manchmal kommt es zu sogenannten »nicht-mentalisierenden Kreisläufen«, da es schwierig ist, die eigene Mentalisierung aufrechtzuerhalten, wenn ein Gegenüber nicht mentalisiert.

Dimensionen des Mentalisierens

Mentalisieren lässt sich hinsichtlich vier verschiedener Dimensionen mit jeweils zwei Polen beschreiben. Gelingendes Mentalisieren zeichnet sich zum Beispiel dadurch aus, dass ein flexibles Wechseln zwischen den Polen möglich ist. Die Einführung der verschiedenen Dimensionen des Mentalisierens (Luyten et al., 2015) und spezifischer Mentalisierungsprofile war ein Meilenstein in der Differenzierung der Mentalisierungsfähigkeit. Die Einteilung in diese Dimensionen basiert auf Erkenntnissen der Neurobiologie und Informationsverarbeitung. Jede Polarität stellt mutmaßlich ein System dar, ein neuronales Netzwerk. Alle Systeme sind miteinander verbunden und in eine strukturell funktionale Gehirndynamik eingebettet. Strauß und Nolte (2020) gehen von einem sogenannten »Mentalisierungsnetzwerk« im Gehirn aus. Dieses

Netzwerk kann durch funktionelle Bildgebung erkennbar gemacht werden. Es wird aktiviert bei Aufgaben, die ein Mentalisieren erfordern. Das Mentalisierungsnetzwerk steht in Verbindung mit dem Emotionsregulations-Netzwerk, dem Empathie-Netzwerk, dem Belohnungs-Netzwerk sowie dem Spiegelneuronen-Netzwerk. Das System der Spiegelneuronen vermittelt wahrscheinlich automatisch ein intuitives Verstehen sozialer Situationen und die Fähigkeit, von den Erfahrungen des eigenen Körpers auf die Gefühle Anderer zu schließen. In bestimmten Situationen, insbesondere wenn die »Rechenressourcen« knapp sind, zum Beispiel in Situationen hoher Erregung, können sie untereinander konkurrieren (Debbané & Nolte, 2019).

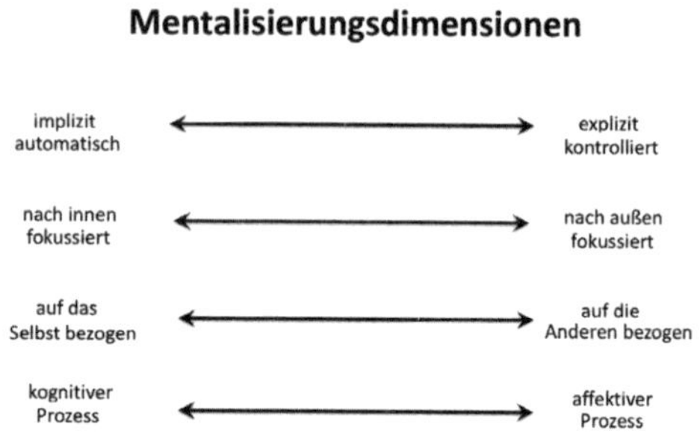

Abbildung 2: Mentalisieren als mehrdimensionales Konstrukt (modifiziert nach Luyten et al., 2015)

Dimension: Modus (implizit versus explizit)

Im Alltag mentalisieren wir hauptsächlich implizit (automatisch), solange unser Tun geschmeidig weiterläuft. Implizit mentalisierend interpretieren wir automatisch, intuitiv und rasch das Verhalten von uns und Anderen. Automatisches Mentalisieren steht eher im Zusammenhang mit inneren Arbeitsmodellen von Bindung. Es ist hingegen günstig, in ein explizites (langsames) Mentalisieren zu schalten, wenn es schwierig wird. Wir mentalisieren explizit, wenn wir reflektieren und verbalisieren. Dies erfordert eine bewusste Auseinandersetzung mit eigenen und fremden mentalen Zuständen (Fonagy, Luyten & Allison, 2015). Stress fördert automatisches Mentalisieren und behindert kontrolliertes Mentalisieren. In Psychotherapien wird überwiegend explizites und kontrolliertes Mentalisieren angeregt.

Dimension: Fokussierung (Innen versus Außen)

Wir können uns stärker auf die innere Welt fokussieren (auf Gefühle oder Motive zum Beispiel), bei uns selbst und Anderen (ebd.). Wir können uns jedoch auch stärker auf die äußerlich sichtbaren Besonderheiten fokussieren (etwa Mimik, Verhalten oder Gestik). Mentalisierung, die auf äußere Aspekte fokussiert, geschieht eher automatisch, die Fokussierung auf innere Aspekte dagegen eher kontrolliert.

Dimension: Orientierung (Selbst versus Andere)

Hier steht die Orientierung an eigenen psychischen oder interpersonellen Vorgängen im Vordergrund (Fonagy & Target, 2006). Global beeinträchtigte Mentalisierung (bei Selbst und Anderen) kann von einem deutlichen Ungleichgewicht unterschieden werden, sich selbst oder die Anderen zu mentalisieren. Es kann zum Beispiel sein, dass jemand die Motive der Anderen sehr gut, aber seine eigene innere Welt recht wenig wahrnehmen und verstehen kann. Dann ist diese Person stark zum oder zur Anderen hin orientiert. Allerdings kennen wir auch Personen, die stark auf sich zentriert sind und wenig auf andere Personen. Wir Menschen sind dies auf natürliche Weise, wenn wir starke Schmerzen haben. Gelingendes Mentalisieren in dieser Dimension meint eine Flexibilität im Wechsel zwischen eigener Perspektive und fremdem Blickwinkel (Luyten et al., 2015).

Dimension: Affekte und Kognitionen

Wir erleben auf der einen Seite manchmal Menschen, die einen differenzierten kognitiv-rationalen Zugang zu mentalen Prozessen haben und dabei Affekte gut ausblenden können. Das kognitive Verständnis mentaler Prozesse ist groß, die Person ist aber nicht in Kontakt mit ihren Affekten (häufig ist das bei narzisstischen oder antisozialen Störungen). Diese Menschen zeigen eine Hypermentalisierung, der Pseudomentalisierung ähnlich, gekennzeichnet durch reflexive Gedanken, die oft unverbunden zur Realität stehen.

Auf der anderen Seite gibt es Personen, die von automatischem, affektgesteuertem Mentalisieren überwältigt werden und nicht in der Lage sind, die affektive Erfahrung mit ihrem kognitiven Wissen in Verbindung zu bringen. Dies ist wohl mit dem Sprichwort »aus der Mücke einen Elefanten machen« gemeint: Eine kleine Ursache löst eine überstarke, meist emotionale Reaktion aus. Diese Menschen zeigen eine Art Gefühlsansteckung, was auf Schwächen in der Perspektivenübernahme hinweist, und werden dazu tendieren, ihre eigenen Selbstempfindungen Anderen zu attribuieren und sich im Äquivalenzmodus zu erleben. Gelingendes Mentalisieren integriert im Gegensatz dazu die Kognitionen und die Affekte (Fonagy, Luyten & Allison, 2015).

Die vier Dimensionen des (gelingenden) Mentalisierens sind zu diagnostischen Zwecken einsetzbar (siehe Abbildung 2). Es gibt bestimmte Muster oder Profile, die typisch sind für manche Persönlichkeitsstörungen (Luyten et al., 2015). Im therapeutischen Prozess sind die vier Dimensionen zur Orientierung ebenfalls hilfreich. Wenn etwa eine Patientin zu sehr an einem Pol verharrt, dann ist es unter Umständen eine gute Idee, zur Förderung der Mentalisierung den anderen Pol ins Gespräch zu bringen (siehe auch das Kapitel »Interventionen«).

Mentalisieren und Stress

Mentalisieren ist dann am schwierigsten, wenn wir es am meisten brauchen. Insbesondere mit dem Erleben von Stress oder Gefühlen von Ohnmacht und Hilflosigkeit kommt es zur Aktivierung des Bindungssystems, was in der Folge die Mentalisierungsfunktion einschränkt oder gänzlich zusammenbrechen lässt.

Das Modell der stressabhängigen Informationsverarbeitung im Gehirn ist ein Beispiel dafür, wie neurobiologische Erkenntnisse im Mentalisierungsansatz integriert und weiterverarbeitet werden. Das Prinzip des stressabhängigen Umschaltmodells folgt einer einfachen Logik. Die Folgen emotionaler Aufregung (Arousal) durch Aktivierung des Bindungssystems, durch Stress, Bedrohung oder Erregung (sexueller oder appetitiver Art) bestehen im Umschalten von langsamen, kontrolliert reflektierenden Prozessen im präfrontalen Cortex hin zu schnellen, automatischen und reflexhaften Prämentalisierungsmodi, die eine Informationsverarbeitung in subkortikalen Hirnstrukturen anzeigen (Taubner, Fonagy & Bateman, 2019; Strauß & Nolte, 2020). Es kommt zur Aktivierung der Fight-Flight-Reaktionsschemata oder des Appetenz- oder Lustsystems, und die Mentalisierungsfähigkeit bricht (vorübergehend) zusammen.

Dieses neurobiologische Modell der Informationsverarbeitung im Gehirn (Mayes, 2000, 2006), ergänzt um Erkenntnisse der Bindungsforschung zur stressabhängigen Aktivierung der Bindungssystems bei unterschiedlichen inneren Arbeitsmodellen (Fonagy & Luyten, 2009; Luyten et al., 2015), ist klinisch sehr hilfreich. Mit steigendem Stresslevel – vor allem in nahen Beziehungen – ist die Fähigkeit, reflektiert zu mentalisieren, immer weniger verfügbar. Ab einem Umschaltpunkt kippt die Informationsverarbeitung von kontrolliertem zu automatischem Mentalisieren (von explizitem zu implizitem Mentalisieren). Es fällt dann schwerer, die Perspektive des Gegenübers zu berücksichtigen, und schließlich übernehmen ältere Hirnregionen die Verhaltenssteuerung (etwa bei Fight-or-Flight-Reaktionen).

Auch sich falsch interpretiert oder sich unverstanden zu fühlen, triggert intensive und schwer auszuhaltende Gefühle und kann den Zusammenbruch der Mentalisierungsfähigkeit nach sich ziehen. Nicht-Mentalisieren führt dann oft zu dem Versuch, Verhalten zu kontrollieren, anstatt es zu verstehen. Kontrollierendes Verhalten löst wiederum starke Emotionen bei Anderen aus, sodass sie ebenfalls im Mentalisieren eingeschränkt sind.

Frühe Stresserfahrungen und deren Regulation

In der Neurobiologie wird davon ausgegangen, dass das Gehirn versucht, die Umwelt zu modellieren und zu lernen, wie die für den Organismus relevanten Aspekte der Welt funktionieren (Moutoussis et al., 2023). Das menschliche Gehirn bildet dazu hierarchische, generative Modelle der Welt, unterscheidet zwischen Ursachen und Folgen, konstruiert Zukunftserwartungen und differenziert die eigene Wahrnehmung von der Wahrnehmung Anderer (Strauß & Nolte, 2020). Das Navigieren des Kindes in seiner sozialen Umwelt erfordert ständige Versuche, die mentalen Zustände Anderer abzuschätzen. Als Resultat dieser Verstehensprozesse entstehen langsam kohärente Erfahrungen des Selbst mit Anderen. Eine Diskrepanz zwischen Vorhersage und erfahrener Realität generiert dann zum Beispiel Überraschung. Ausgehend von einer neuronalen Informationsverarbeitungshierarchie revidiert das Kind seine aktuellen Arbeitshypothesen im Lichte neuer Erkenntnisse oder Erfahrungen. Durch die Kombination von (gelernten) Vorerwartungen und aktuellen Informationen kann das Gehirn auf den sonst verborgenen Zustand der sozialen Umwelt schließen (ebd., S. 179). Diese Prozesse bestimmen das Ausmaß an Flexibilität und Rigidität in Bezug auf die Verarbeitung neuer Beziehungserfahrungen. Ein Kind, das von einer Bezugsperson Misshandlung erfährt, wird eher seine interpersonellen Vorhersagen und psychophysiologischen Regulationssystem so anpassen, dass es weitere Misshandlungen abschätzen kann, auch wenn dies auf Kosten seiner Öffnung für potenziell positive Erfahrungen geht (siehe Kapitel »Epistemisches Vertrauen«).

Die frühe erfahrungsgesteuerte Plastizität des Gehirns kann auch auf Emotionsregulierung und Stress übertragen werden (Heim, Dammering & Entringer, 2020). Stressreiche und aversive Erfahrungen während der frühen Kindheit üben besonders ausgeprägte und lang andauernde schädigende Effekte auf Schaltkreise der Emotionsregulierung aus. Stressreiche und traumatische Erfahrungen in der frühen Kindheit gehören zu den wichtigsten Risikofaktoren für die Entwicklung psychischer und körperlicher Erkrankungen im Erwachsenenalter (Egle et al., 2020). Bindungssicherheit hat dabei eine Schutzfunktion, indem sie über angstlösende und vertrauensfördernde Effekte wirksam ist. Dies wird über Oxytocin moderiert (Debbané & Nolte, 2019, S. 24).

Gestörte Stressverarbeitung macht über den Weg der Bindungsunsicherheit vulnerabel für die Entwicklung körperlicher oder psychischer Symptome (Strauß & Nolte, 2020). Neben den physiologischen Veränderungen in der Kontrolle der Schaltkreise und epigenetischen Veränderungen (DNA-Methylierung) lassen sich unter kindlichem Stress auch neuroanatomische Veränderungen wie ein verkleinerter Hippocampus nachweisen (Heim, Dammering & Entringer, 2020). Diese kurzen, die gesamte Komplexität kaum abbildenden Ausführungen weisen auf die enge Verknüpfung von sozialen Erfahrungen (zum Beispiel Stressoren,

Misshandlung oder Abweisung), körperlich-biologischen Vorgängen und der Entwicklung psychischer Strukturen hin. Sie machen unsere innere Realität aus.

Mentalisieren und psychische Gesundheit

> *»Mentalisieren ist das Immunsystem der Psyche. Mentalisierung absorbiert Stress aus inneren und äußeren Stressoren, durch eine nie endende psychische Verarbeitung der körperlichen Erregung und Umwandlung in psychische Inhalte und Repräsentanzen«* (Lecours & Bouchard, 1997, S. 857; Übersetzung H. K. & J. B.).

Nun – mehr als 20 Jahre nach diesem visionären Zitat – wird explizites Mentalisieren, verstanden als bewusstes, meist sprachlich ausgedrücktes Reflektieren der eigenen psychischen Motive, Gefühle und Gedanken und der Intentionen Anderer, als eine Schlüsselfunktion für die Entwicklung und Aufrechterhaltung psychischer Gesundheit begriffen (Taubner, Fonagy & Bateman, 2019; Fonagy, Campbell & Bateman, 2017; Luyten et al., 2020; Strauß & Nolte, 2020). Gelingendes Mentalisieren wird dabei als Kapazität verstanden, die vor stressinduzierenden Ereignissen schützen kann, indem trotz belastender Erfahrungen und des damit einhergehenden affektiven Arousals ein kohärentes Selbsterleben erhalten bleibt (Taubner, 2015; Schwarzer et al., 2023). In der Folge bleiben Handlungsfähigkeit sowie die Überzeugung der eigenen Selbstwirksamkeit auch bei potenziell unkontrollierbaren Erlebenszuständen vergleichsweise lange erhalten.

Mehrere Arbeitsgruppen konnten inzwischen mit empirischen Studien bestätigen, dass dem Mentalisieren eine bedeutsame Rolle in der Verarbeitung psychosozialer Stressoren zukommt (Borelli et al., 2019; Ballespí et al., 2019; Schwarzer, 2019; Schwarzer et al., 2022; Schwarzer & Gingelmaier, 2020; Gingelmaier et al., 2022). Sie zeigen, dass der negative Einfluss kindlicher Misshandlungserfahrungen auf das Wohlbefinden im Erwachsenenalter sowie die Bildung psychopathologischer Symptome über die Mentalisierungsfähigkeit kompensatorisch beeinflusst wird. Auch abseits klinisch relevanter Symptombereiche bestätigen Untersuchungen die intrapsychische Verarbeitungsfunktion einer effektiven Mentalisierungsfähigkeit – beispielsweise kann die Mentalisierungsfähigkeit die Zusammenhänge zwischen Stress- und Beschwerdeerleben und aktuellem Kohärenzerleben (Schwarzer & Gingelmaier, 2020) oder Copingverhalten beeinflussen (Schwarzer et al., 2023). Mentalisieren kann deshalb heute als wichtiger Resilienz- und Schutzfaktor gelten. Dies unterstreicht den Anspruch des Mentalisierungsansatzes, grundlegende Aussagen über die psychische Verarbeitung von Erfahrungen machen zu können.

Mentalisierungsbasierte Therapie (MBT)

Die MBT wurde zunächst als intensives stationäres Therapieprogramm für Borderline-Persönlichkeitsstörungen entwickelt (Bateman & Fonagy, 1999) und zwischenzeitlich um ein ambulantes Therapieprogramm ergänzt (Bateman & Fonagy, 2016; Taubner, Fonagy & Bateman, 2019). Sie gilt mittlerweile als Goldstandard in der Therapie schwerer Persönlichkeitsstörungen. Unabhängig von der kategorialen Diagnosestellung kann eine Indikation für MBT auch dann gestellt werden, wenn eine Patientin oder ein Patient Schwierigkeiten im Bereich der Affektregulation aufweist, die mit Mentalisierungsproblemen in Verbindung gebracht werden können. Auch ein niedriges Funktionsniveau der Persönlichkeit stellt eine Indikation dar.

Die erfolgreiche Behandlung milder psychischer Störungen, die keine längere Vorgeschichte und auch keine komplexe Symptomatik haben, ist mit den evidenzbasierten und gesicherten Behandlungsformen verhaltenstherapeutischer und psychodynamischer Provenienz und einer Reihe weniger untersuchter Behandlungsformen von geringerer Behandlungsdauer (Laska, Gurman & Wampold, 2014; Wampold, Imel & Flückiger, 2018) nachgewiesen. Die Wirksamkeit psychotherapeutischer Behandlungen bewertet Peter Fonagy aus Sicht der Forschungsergebnisse so:

> »Den Patienten zur verlässlichen Integration seines augenblicklichen mentalen Erlebens mit der vom Kliniker präsentierten alternativen Sichtweise zu befähigen, scheint einfach zu sein und kann in Fällen einer milden bis moderaten Psychopathologie mühelos gelingen. Es ist aber nur schwer zu erreichen, wenn eine ernsthafte psychische Störung vorliegt« (Fonagy, 2021, S. 10).

Bei den schwereren psychischen Einschränkungen, das heißt den schwereren Persönlichkeitsstörungen und strukturellen Beeinträchtigungen, sind die klassischen Techniken der psychoanalytischen, aber auch der Verhaltenstherapie allein wenig erfolgreich und haben zu der Entwicklung neuer Behandlungsmethoden geführt: Aus der Richtung der Verhaltenstherapie entwickelte sich so die Dialektisch-Behaviorale Therapie (DBT) (Bohus, 2002); auf der Grundlage psychoanalytischer Wurzeln entstanden die MBT (Taubner, Fonagy & Bateman, 2019) und die Transference Focused Psychotherapy (TFP) (Clarkin, Yeomans & Kernberg, 2017). Die MBT hat sich dabei als evidenzbasiertes Verfahren international mit der besten Evidenz neben der DBT etabliert (Cristea et al., 2017; Herpertz, Rudolf & Lieb, 2017; Storebø et al., 2020; Euler, 2021; Taubner & Volkert, 2019). Die Borderline-Persönlichkeitsstörung wird dabei als eine typische schwere strukturelle Störung angesehen. Modifizierte Ansätze der MBT für weitere Störungsbilder, unter anderem für die Antisoziale Persönlichkeitsstörung (ASP) und die komplexe Posttraumatische Belastungsstörung (kPTBS), sind in der Entwicklung (Brockmann, Kirsch & Taubner, 2022, S. 21ff.).

Die strukturellen Beeinträchtigungen führen aus Sicht des Mentalisierungskonzepts dazu, dass diese Patientinnen und Patienten in ihrer Mentalisierungsfähigkeit eingeschränkt und dadurch in ihren Selbst-Funktionen sowie ihren interpersonellen Funktionen schwerer erreichbar sind. Sie sind von den klassischen Behandlungstechniken der Exposition oder des sokratischen Dialogs in der Verhaltenstherapie ebenso wie von der freien Assoziation und der Deutung in der psychodynamischen und psychoanalytischen Psychotherapie in Konfliktsituationen häufig überfordert. Dem tragen auch alle neuen evidenzbasierten Behandlungsformen hinsichtlich ihrer Behandlungsstruktur und -technik Rechnung.

Die mentalisierungsfördernde Haltung

Die therapeutische Haltung beeinflusst wesentlich die therapeutische Beziehung sowie als Mediator die Wirksamkeit der

Behandlungstechnik und trägt damit entscheidend zum Behandlungsergebnis bei. Therapeutinnen und Therapeuten aller evidenzbasierten Therapieschulen wird in der Ausbildung vermittelt, dass eine empathische, wohlwollende, nicht-wertende und am Patienten oder an der Patientin interessierte Haltung den Behandlungsprozess positiv beeinflusst. Dennoch stellen die meisten Therapieschulen nicht die therapeutische Haltung, sondern die Behandlungstechniken in den Vordergrund – und machen diese manchmal zu einem (eingetragenen) Markenzeichen. In der Verhaltenstherapie gehört zu den Behandlungstechniken beispielsweise die Exposition, die kognitive Umstrukturierung, die Achtsamkeit, die Akzeptanz, die Imagination oder die Schemabearbeitung. In der Psychoanalyse gehören zu den Behandlungstechniken die Deutung sowie die Nutzung von Übertagung und Gegenübertragung.

Der mentalisierungsbasierte Therapieansatz stellt stattdessen nicht die Behandlungstechniken in den Vordergrund, sondern fokussiert auf die therapeutische Haltung, um kontinuierlich einen authentischen »Standpunkts des Nicht-Wissens« aufrechtzuerhalten. Der Standpunkt des Nicht-Wissens wird damit zum zentralen Merkmal Mentalisierungsbasierter Therapie.

In Bezug auf die Förderung der Mentalisierung unter intensivem Affekt heißt dies zum Beispiel: Die Therapeutin findet zusammen mit dem Patienten heraus, welche Affekte im Moment wahrgenommen werden, wie sie benannt werden können und wie der Patient mehr Agent seiner Affekte werden kann. Aus dem Standpunkt des Nicht-Wissens resultiert eine andere Haltung, als sie sowohl in der klassischen Psychoanalyse als auch in der kognitiven Verhaltenstherapie nahegelegt wird. Die Therapeutin interpretiert nicht wie eine Psychoanalytikerin aus eigener Intuition oder aus der Theorie heraus die Gefühle und unbewussten Konflikte des Patienten. Auch reguliert sie die Affekte nicht wie die kognitive Verhaltenstherapeutin mithilfe von Verhaltensmodifikation oder kognitiven Umstrukturierungen in der Orientierung an einem verhaltenstherapeutischen Manual.

Der Mentalisierungsansatz ist demgegenüber ein radikal relationaler und interpersoneller Ansatz. Er liefert wirksame Interventionsmöglichkeiten in der psychotherapeutischen Behandlung vor dem Hintergrund eines psychoanalytischen Konzepts mit einem selbstreflexiven Anspruch. Dies liegt in der Tradition der Psychoanalyse als selbstreflexive Wissenschaft, wie von Jürgen Habermas markiert. Für ihn ist die Psychoanalyse das »einzige greifbare Beispiel einer methodische Selbstreflexion in Anspruch nehmenden Wissenschaft« (Habermas, 1968, S. 262).

Aktive Haltung

Die nach dem Konzept der MBT arbeitenden Therapeutinnen und Therapeuten nehmen eine weitgehend aktive Haltung ein. Ein Schweigen wird relativ schnell unterbrochen, wenn es für den Patienten oder die Patientin ängstigend wird. Die Therapeutin fragt bei längerem Schweigen zum Beispiel: »Wie ist das Schweigen für Sie? Ist es in Ordnung für Sie, wenn wir schweigen, oder ist es sehr belastend?« Oder als selektive Selbstoffenbarung: »Ich schweige, weil ich gerade nachdenke.« Die nach dem MBT-Konzept arbeitende Therapeutin greift auch in den Therapieprozess ein, um die Kommunikation mit dem Patienten in einem nicht-mentalisierenden Modus zu unterbrechen und nach Ansätzen des Mentalisierens zu suchen. Sie interveniert, um mit dem Patienten einen Weg zu suchen, Affekte zu regulieren, »nicht zu weit weg vom und nicht zu nah am Feuer«, denn wenn heftige Affekte den Patienten überschwemmen, ist Mentalisieren nicht mehr möglich. Fehlen die Affekte oder sind abgewehrt, dann besitzt das Thema wenig Bedeutung für den Patienten und hat deshalb nur ein geringes Veränderungspotenzial. Wenn der Patient in seinem Narrativ während der Stunde oder über die Stunden hinweg nicht aus sich heraus einen roten Faden findet, dann ist es eine Aufgabe in der Therapiesitzung, einen Fokus zu finden.

Die Therapeutin versucht, durch die aktive Haltung einen sicheren Rahmen zu schaffen. Die Haltung ist in diesem Aspekt der interaktionellen Psychotherapie (Heigl-Evers & Streeck, 1985) oder der strukturbezogenen Therapie (Rudolf, 2013) ähnlich. In der interaktionellen Psychotherapie wird diese Behandlungstechnik als »Prinzip Antwort« dem »Prinzip Deutung« gegenübergestellt (Heigl-Evers & Nitschke, 1991).

Transparenz

Transparenz fördert Sicherheit in der Therapie. Ein aktives Vorgehen der Therapeutin beinhaltet auch, persönliche Fragen des Patienten im gewissen Rahmen auch offen zu beantworten. Die Therapeutin wird dadurch als Person sichtbarer. Die Antworten sollten nicht die Grenzen verletzen und nicht in erster Linie den Bedürfnissen der Therapeutin entsprechen. Sie sollte sich dadurch (und auf lange Sicht hin) natürlich auch nicht dem Patienten ausliefern.

Die mentalisierungsorientierte Therapeutin stellt darüber hinaus ihren eigenen Geist *(mind)* zur Verfügung, denn das Mentalisieren lernt man auch dadurch, dass man jemandem beim Mentalisieren zuschaut und es dann selbst versucht (Lernen am Modell). Dies kann eine wichtige Lernerfahrung sein – gerade dann, wenn jemandem das Mentalisieren schwerfällt. Es kann eine wichtige Erfahrung sein, zu erleben, wie es beispielsweise die Therapeutin für sich reflektiert, dass sie die Mentalisierungsfähigkeit gerade verloren hat, denn gerade in solchen Momenten setzt das Mentalisieren wieder ein – und beide erleben dies mit.

Vorbereitung der Behandlung und Psychoedukation

Psychoedukation

Für den Erfolg einer Psychotherapie ist die Information über das Therapiekonzept und das therapeutische Vorgehen nicht nur rechtlich von Bedeutung. Information schafft einerseits Sicherheit und fördert andererseits die Klärung von Therapiezielen und der Aufgaben während der Behandlung. Die Übereinstimmung von Therapiezielen und Aufgaben ist ein bedeutender Wirkfaktor in allen Therapien (Laska, Gurman & Wampold, 2014).

Eine Patienteninformation für die ambulante Behandlung sollte folgende Bausteine enthalten:

- Mentalisieren als Weg zur seelischen Gesundheit verdeutlichen und
- aufzeigen, dass Mentalisieren große Schwierigkeit bereiten kann, wenn wir es am nötigsten brauchen, nämlich

- wenn wir unter Stress stehen,
- wenn wir heftige Gefühle erleben,
- wenn wir in intensiven Beziehungen mit anderen Menschen stehen,
- wenn wir uns unverstanden fühlen oder
- wenn wir ein seelisches Trauma erlitten haben.

Zur Förderung von Mentalisierung wird der Therapeut oder die Therapeutin zum Beispiel versuchen,

- die gegenwärtigen Gedanken, Wahrnehmungen und Gefühle in den Mittelpunkt zu stellen,
- Fragen nach der eigenen inneren Welt und der von anderen Menschen anzuregen oder
- Beziehungen und eigene Erfahrungen aus verschiedenen Perspektiven zu betrachten.

Die Patienteninformation sollte im ambulanten Setting nicht zu lang sein, da die Bedeutung einer doch eher unpersönlich wirkenden schriftlichen Information für eine Person geringer ist als die unmittelbar erlebten persönlichen Erklärungen eines Therapeuten oder einer Therapeutin. Im persönlichen Gespräch sollte zudem eine Verbindung der Informationen mit den Erfahrungen und Erzählungen der Patientin oder des Patienten gesucht werden.

Ziel einer Psychoedukation ist die Vermittlung von Informationen über die Bedeutung von Mentalisieren für die Behandlung. Sie kann dabei gleichzeitig zum Mentalisieren anregen, ohne in den therapeutischen Prozess einzusteigen und die persönliche Problematik zu sehr zu berühren. Dies geschieht oft durch Gruppendiskussionen, Rollenspiele oder Übungen (Mentalisieren muss man üben). Mentalisierungsfördernde Psychoedukation hat sich als klinisch erfolgreich erwiesen und gilt als geeignete Methode zur Vermittlung des Mentalisierungskonzepts (Haslam-Hopwood et al., 2009; Schultz-Venrath, 2013; Kirsch, 2014). Dabei geht es jedoch noch nicht um die therapeutische Veränderung mentaler Inhalte. Psychoedukation findet im MBT-Setting über vier bis acht (Gruppen-)Sitzungen als Vorbereitung für das Behandlungsprogramm statt und wird dort als »MBT-I« bezeichnet. Der Ablauf gliedert sich in drei Teile von je zwei bis drei Sitzungen zu den Themen:

- Konzept der Mentalisierung
- psychiatrische Störungen und Beeinträchtigung von Mentalisierung
- Verbesserung der Mentalisierung durch verschiedene Behandlungskomponenten

Therapieziele

Zur Strukturierung der Behandlung empfiehlt es sich, mit dem Patienten bzw. der Patientin bereits in den Anfangsstunden gemeinsam Therapieziele zu formulieren. Bei der Zielformulierung müssen beide Parteien beteiligt sein. Die Ziele sollten dabei möglichst konkret formuliert werden. Zunächst schreiben Therapeut bzw. Therapeutin und Patient bzw. Patientin die Ziele auf, um sie in einer der darauffolgenden Stunden noch einmal zu besprechen und abzustimmen. Beide erhalten dann die gemeinsam formulierten Ziele in ausgedruckter Form. Die Therapieziele dienen in der Therapie als Strukturierungshilfe und als Erfolgskontrolle. Im Laufe der Behandlung können die Ziele modifiziert und ergänzt werden.

Die Therapieziele werden auf konkrete Situationen bezogen (ein Beispiel für Therapieziele findet sich auch in der späteren Falldarstellung). Beispiele für Therapieziele können darin liegen, weniger destruktiv zu sein (zum Beispiel im Zusammenhang mit weniger Selbstverletzungen bei Einsamkeitsgefühlen) oder eine bessere Kontrolle gegenüber dem Ausleben von Affekten zu haben (etwa im Kontext der Eifersucht gegenüber der Partnerin oder dem Partner).

Krisenplan

Die Erstellung eines Krisenplans vor der Behandlung ist vor allem bei Patientinnen und Patienten indiziert, die zu Selbstverletzungen, Phasen von Kontrollverlust oder suizidalen Krisen neigen. Ebenso wie die gemeinsame Formulierung der Therapieziele ist die gemeinsame Erstellung eines Krisenplans mentalisierungsfördernd. Die Erarbeitung eines Krisenplans fördert die Reflexion über Krisen in einem Moment, in dem Anspannung, Stress oder

Affekte noch gering sind, weil die Krise in der Ferne liegt. Ein Krisenplan ist im Notfall eine wichtige Entlastung (für alle Beteiligten). Auf ihn sollte in einer Krise direkt zugegriffen werden können. Eine Krise erfordert zunächst Strukturierung und Stabilisierung, weniger eine tiefergehende Bearbeitung von Problemen, denn in der Krise ist die Mentalisierung gewöhnlich durch Stress und ein hohes Affektlevel stark eingeschränkt. Der Krisenplan kann beispielsweise die folgenden Aspekte beinhalten:

- Perspektiven auf das, was der Patient bzw. die Patientin in der Krise selbst tun kann,
- Informationen für den Arzt, die Ärztin oder andere Helferinnen und Helfer, die den Patienten oder die Patientin in einer Krise sehen,
- Darstellungen dessen, was Helfende tun können und was nicht,
- Zusammenfassung der unmittelbaren Hilfe, die in der Vergangenheit nützlich war oder
- Kontakte und Liste der Helferinnen und Helfer, die den Krisenplan erhalten.

Der Krisenplan sollte während der Behandlung aktualisiert werden. Updates zu machen, bietet sich an, wenn der Plan in einer Krise benutzt wurde. Auch die Verbesserungen müssen immer die Sicht des Patienten bzw. der Patientin enthalten.

Wer als Therapeut oder Therapeutin einmal in einer schweren Krise von einem Patienten oder einer Patientin angerufen wurde und diesen oder diese dann auffordern konnte, gemeinsam den vorher sorgfältig erarbeiteten Krisenplan hervorholen, und sich darauf beziehen kann, wird den Krisenplan nicht mehr vergessen.

Therapieplan[2]

Auch ein Therapieplan sollte möglichst in der ersten Therapiephase erarbeitet und gemeinsam formuliert werden. Ein Thera-

2 Der Therapieplan wird auch *therapeutic passport* genannt – orientiert an der Frage, wozu man einen Pass braucht: »Wo komme ich her? Wo will ich hin?« Ein Beispiel für einen Therapieplan findet sich in der folgenden Falldarstellung.

pieplan kann nach Grove und Smith (2022) die folgenden Elemente enthalten:

- Vergangenheitsbeschreibung (Kindheit, Krankheitsverlauf, auslösende Bedingungen),
- Darstellung der Gegenwart (Schwierigkeiten, Trigger, Beziehungen, Versuche der Bewältigung),
- affektives Selbsterleben und Erleben des oder der Anderen in einem typischen Konflikt (psychodynamischer Fokus auf den verinnerlichten problematischen Obektbeziehungen),
- Schwierigkeiten in der Mentalisierung,
- Behandlung (antizipierte Schwierigkeiten) sowie
- Therapieziele.

Interventionen

Exploration

Die therapeutische Haltung des Nicht-Wissens ist bestimmt durch das authentische Interesse gegenüber dem, was die Patientinnen und Patienten über sich und ihr Erleben zu sagen haben und wie sie dies aus ihrer inneren Welt heraus sehen. Das Nicht-Wissen bezieht sich dabei auf die *opaqueness* oder Undurchsichtigkeit des psychischen Erlebens. Wir können nie sicher wissen, was in einem anderen Menschen vorgeht. Den Standpunkt des Nicht-Wissens einzunehmen heißt, neugierig zu sein und nicht zu erklären, wie der Therapeut oder die Therapeutin aus eigener therapeutischer Kompetenz und Erfahrung heraus das Erlebte versteht.

Der Therapeut regt die Patientin an, das Verhalten, die Gefühle und die Intentionen bei sich und dem oder der Anderen zu explorieren. Er könnte sagen:

- »Kann es sein, dass …«
- »Was ich mich frage, ist …«
- »Ich verstehe überhaupt nicht, wie …«
- »Ich weiß nicht, aber was halten Sie von der Hypothese, dass …«

Der Therapeut erfragt dabei (möglichst detailliert) die Erfahrungen der Patientin im zeitlichen Ablauf. Es ist eine »Salami-Taktik«, bei der Wie-Fragen im Vordergrund stehen. Diese sind hilfreicher als Warum-Fragen, zumal sich Wie-Fragen auf den Prozess beziehen; Warum-Fragen suchen meist nach kognitiven Erklärungen.

Es ist klingt einfach, aber es ist in der Tat schwierig, den Standpunkt des Nicht-Wissens über eine Therapiestunde hinweg beizubehalten, denn es bedeutet, ein authentisches Interesse daran zu haben, etwas explorierend herauszufinden und dies über die Zeit aufrechtzuerhalten. Hilfreich kann dabei sein, sich gewahr zu bleiben, dass es immer unterschiedliche Perspektiven gibt und dass jede dieser Perspektiven ihre Berechtigung hat. Dies ist gerade dann schwierig, wenn die Wellen der Affekte in einer Stunde hochschlagen und der Therapeut davon angesteckt wird. Um die Haltung des Nicht-Wissens aufrechtzuerhalten, helfen zudem Demut und Bescheidenheit. Dann kann man auch zugeben, dass man etwas nicht versteht, in etwas keinen Sinn erkennen kann oder etwas unklar bleibt.

Der Therapeut fokussiert besonders auf das emotionale Erleben und auf soziale Interaktionen. Er versucht zunächst nicht, selbst die Gefühle der Patientin zu benennen, stattdessen hilft er dabei, die beteiligten Gefühle wahrzunehmen und zu differenzieren. Eine Therapiestunde, die »den Standpunkt des Nicht-Wissens« durch den Therapeuten oder die Therapeutin nicht realisiert, ist nach der MBT Adherence and Competence Scale (Bateman & Fonagy, 2020) keine mentalisierungsbasierte Therapiestunde.

Konsequent einen Standpunkt des Nicht-Wissens beizubehalten, hat für die Behandlungen Konsequenzen: Die Haltung des Nicht-Wissens vermittelt mehr Gleichheit zwischen Therapeutin und Patient, als dies in der klassischen Psychoanalyse der Fall ist. Dasselbe gilt aber auch für die Verhaltenstherapie, in der die Therapeutin ebenfalls die Wissende ist. Die Haltung des Nicht-Wissens drückt eine kooperierende Haltung aus: Keiner bzw. keine von uns weiß es besser, aber wir können zusammenarbeiten und es herausfinden. Eine mit dem Ton der Gewissheit verbundene Deutung bzw. Interpretation des Verhaltens einer Patientin spricht eher gegen eine solche Haltung. Auch die Deutung eines bewusstseinsnahen Konflikts entspricht nicht einem solchen Vorgehen. Die Therapeutin ist stets Teil eines intersubjektiven Geschehens und befindet sich nicht außerhalb desselben.

Konträre Bewegungen – Polaritäten erkennen

Effektives Mentalisieren in Abgrenzung zu ineffektivem Mentalisieren lässt sich mit den weiter oben beschriebenen vier Dimensionen darstellen. Gelingendes Mentalisieren findet in einer Balance zwischen den jeweiligen Polen einer Dimension statt. Es kann sein, dass eine Person ganz auf einen Pol fixiert ist und dabei der entgegengesetzte Pol aus dem Fokus gerät. So kann eine Person in ihrem Narrativ immer bei anderen Personen verweilen und sich selbst ganz aus dem Bewusstsein als Beteiligte oder Beteiligter verlieren. Dies wäre dann ein Kennzeichen für ein eher ineffektives Mentalisieren.

1. *Dimension: Modus (implizit mentalisieren versus explizit mentalisieren):* Bei gelungenem impliziten Mentalisieren reagieren wir meist mit einer hohen Sensitivität gegenüber nonverbalen Signalen, intuitiv, besonders in Hinsicht auf die Erkennung der Intentionen Anderer. Explizites Mentalisieren ist gekennzeichnet durch ein langsames Vorgehen, alles geht der Reihe nach. Explizites Mentalisieren erfordert Reflexion, Aufmerksamkeit und Bemühen. Das passiert eher, wenn die Interaktion auch verbal vermittelt ist. Explizites Mentalisieren ist vor allem angebracht, wenn implizites Mentalisieren fehlschlägt, wenn zum Beispiel Missverständnisse nicht aufgelöst werden können oder bei der Bewältigung von Angst und bei schwerwiegenden und sehr belastenden Ungewissheiten. In der Therapie ist häufig explizites und langsames Mentalisieren indiziert, vor allem wenn die Anspannung hoch ist und etwas Belastendes und Emotionales im Raum steht.
2. *Dimension: Fokussierung (nach innen fokussiert versus nach außen fokussiert):* Nach innen fokussieren wir, wenn wir uns bemühen, Einschätzungen in Bezug auf die innere Welt bei uns selbst oder bei einem bzw. einer Anderen zu geben (Gefühle, Überzeugungen, Motive). Nach außen fokussieren heißt, auf der Basis von Beobachtungen und damit verbundenen Rückschlüssen auf Eigenschaften zu urteilen, entweder bei sich oder bei dem oder der Anderen. In Bezug auf Andere besteht hier die Gefahr, vorschnelle Annahmen aus den äußeren Eindrücken (etwa hinsichtlich Mimik und Gestik) zu machen, ohne die (meist nicht so genau zu erkennenden) inneren Anteile in Erwägung zu ziehen.
3. *Dimension: Orientierung (am Selbst orientiert versus an dem oder der Anderen orientiert):* Spricht eine

Person nur über sich, so besteht die Gefahr der Fixierung auf die eigenen Wahrnehmungen und Überzeugungen. Dies kann aus einer inneren Not heraus passieren, aber auch auf einer begrenzten Bereitschaft beruhen, sich überhaupt für die mentale Verfassung Anderer zu interessieren. In vielen Fällen ist dies ein Schutz, auch wenn es als ein Zeichen von Größenfantasien erscheint oder in Verbindung mit antisozialem Verhalten steht. Wenn nur die anderen Menschen zum Thema in einer Therapiestunde werden, kann das ein Anzeichen für den Versuch sein, zu vermeiden, über sich selbst reden und sich mit den eigenen Affekten auseinandersetzen zu müssen. Hinter der Überbetonung der Orientierung an Anderen kann sich auch ein Mangel an Abgrenzung von dem oder der Anderen verbergen. Sie kann bei dieser Person ein mangelnder Schutz davor sein, weiter Opfer von Ausbeutung und Missbrauch zu werden.

4. *Dimension: Affekte und Kognitionen (kognitiv orientiert versus affektiv orientiert):* Persönliche Probleme werden hier zum Beispiel auf einer sachlichen Ebene abgehandelt, die affektive Seite bleibt ausgeblendet. Eine Überbetonung des Kognitiven in dieser Dimension ist mit dem Verlust emotionalen Erlebens verbunden. Die oder den Anderen zu verstehen, wird zu einem intellektuellen, rationalen Prozess und kann zu einem aussagenlogischen Verstehen werden. Dies kann unterschiedliche Motive haben, beispielsweise der Abwehr von Affekten und Konflikten dienen, aber auch dem Dominieren über die oder den Anderen. Dies findet sich gelegentlich bei antisozialen Persönlichkeiten: Bei guten kognitiven Leistungen ist die Empathie für den Mitmenschen blockiert oder ausgeblendet, um eigene Ziele zu erreichen. Allerdings vernachlässigt eine hohe affektive Aufladung in dieser Dimension die verstandesmäßige Seite einer Wahrnehmung, einer Sichtweise oder einer Handlung. Es gibt andererseits Menschen, die hochsensibel für affektive Signale sind. Meist haben sie dadurch eine hohe Anfälligkeit für affektive Ansteckung sowie eine Tendenz, schnell von Affekten überwältigt zu werden und nicht so schnell und überzeugend zum kognitiven Pol zurückfinden.

Die Einschätzung der Dimensionen im Narrativ einer Person ist sehr hilfreich, und zwar auch bei der gemeinsamen Betrachtung einer Therapiesequenz in einem Video während einer Supervision. Zunächst sollte man herausfinden, wie der Patient oder die Patientin in der Therapiestunde hinsichtlich einzelner Pole einzuordnen ist. Ein oder zwei extreme Pole können dabei besonders erhellend sein: Wenn ein Patient zum Beispiel sehr stark dem kognitiven Pol zugeneigt ist, würde es eine effektive Mentalisierung fördern, wenn es durch eine kreative Intervention gelänge, den affektiven Pol in die Interaktion zu holen. Achtung: Bei dem Versuch, den Patienten zum affektiven Pol zu bewegen, geht es nicht darum, den Patienten zu verändern oder zu verbessern, den Zeigefinger zu erheben, sondern um die Anregung oder Entwicklung einer bisher vernachlässigten Dimension des Mentalisierens. So kann die Therapeutin das Hier und Jetzt mit einbeziehen, indem sie fragt: »Wie geht es Ihnen jetzt, wenn Sie das so erzählen?« Die Versuche, den vernachlässigten Pol einzubeziehen, können auch durch eine humorvolle oder irritierende Anregung, die eine spontane affektive Reaktion des Patienten herausfordert – einem *challenging* – erfolgen (siehe die Ausführungen zum Mentalisierungsloop).

Intervenieren bei prämentalisierenden Modi

Wie im Abschnitt »ineffektives Mentalisieren« erwähnt, können drei typische prämentalistische Modi unterschieden werden, die entwicklungspsychologische Grundlagen haben: das Denken und Erleben im *Äquivalenzmodus*, im *Als-ob-Modus* und im *teleologischen Modus*.

1. *Äquivalenzmodus:* Zentrales Merkmal ist die Gleichsetzung von innerer Welt (Fantasie, Wünsche, Gefühle) und äußerer Welt (Realität). Wenn etwa ein Kind fantasiert, ein Krokodil sei unter dem Bett, kann es im Äquivalenzmodus die Fantasie nicht von der Realität unterscheiden. Das Krokodil wird dann als real erlebt. Als Erwachsener oder Erwachsene heißt es im Äquivalenzmodus dann: »Ich denke und fühle so, dann ist es so!« oder: »Ich fühle mich dumm, also bin ich dumm!« Es ist ein *quick fix* – Dinge werden zu-

sammengeklebt, egal, ob sie zusammengehören oder nicht: Es klebt perfekt zusammen!

Der Äquivalenzmodus ist durch folgende Merkmale gekennzeichnet:

- Die Realität wird auf Basis der eigenen Erfahrung definiert.
- Das Narrativ ist konkretistisch, das heißt an Fakten orientiert bzw. nur durch Fakten determiniert.
- Das Narrativ ist voller Regeln, von absoluter Gewissheit geprägt, sehr moralisch oder vom Lagerdenken beherrscht. Das Narrativ ist voller Sollenssätze sowie Vorstellungen von »Gut und Böse« oder »Richtig und Falsch«. Alles ist ohne Zweifel klar zu trennen.
- Das Narrativ besitzt einen Mangel an Aufmerksamkeit für die Gedanken, Gefühle und Wünsche Anderer.
- Die Gefahr massiver Generalisierungen besteht, zum Beispiel gekennzeichnet durch Vorurteile und Schwarz-Weiß-Denken.
- Das Narrativ greift auf behauptete Wahrheiten zurück: »Es ist so!«

Die Reaktionen auf therapeutischer Seite können sein:

- ein Wunsch zu widersprechen,
- innere Hoffnungslosigkeit oder Verwirrung sowie
- das Erleben von Aussagen des Patienten oder der Patientin als übergeneralisiert.

Interventionen, mit denen man den Äquivalenzmodus verstärkt, sind:

- Der Patient oder die Patientin wird weiter unbekümmert nach Fakten gefragt. In dieses Fahrwasser gerät man überraschend schnell, weil in der Tat viele Dinge im Narrativ des Patienten oder der Patientin unklar bleiben oder durcheinandergehen.
- Man startet Versuche, mit dem Patienten oder der Patientin logisch zu argumentieren. Achtung: Der Sog in diese Richtung ist groß!
- Der Versuch, über Gefühle zu reden, führt meist nicht zum Mentalisieren.

Interventionen, die aus der Sackgasse führen können, sind:

- Der Therapeut teilt der Patientin mit, dass er den Kontakt zu ihr verliert, und fragt nach, ob es ihr vielleicht ähnlich ergeht.
- Er zeigt Mitgefühl zeigen und versucht dies zu validieren.
- Er behält die Haltung des Nicht-Wissens bei und teilt der Patientin zum Beispiel mit: »Ich kann Ihnen im Moment schwer folgen, obwohl ich mich bemühe. Wie geht es Ihnen denn jetzt damit? Es ist nicht als Kritik gemeint, aber ich würde Ihnen gerne folgen können.«
- Er zeigt Neugier: »Wie sind sie zu dieser Erkenntnis gekommen?«
- Er bringt alternative Sichtweisen ins Spiel (siehe das *challenging*, dargelegt im Kapitel zum Mentalisierungsloop).
- Wenn nichts hilft, sucht er ein anderes Thema, um aus der (manchmal verdeckten) Anspannung herauszukommen. Das neue Thema sollte entsprechend nicht so spannungsgeladen sein. Das Reale sollte dabei mit dem Affektiven mentalisierend verbunden werden können.

2. *Als-ob-Modus:* Denken und Erleben im Als-ob-Modus, jenseits der frühen Kindheit, wird auch als »Pseudomentalisieren« bezeichnet. Zentrales Merkmal des Als-ob-Modus ist die Entkoppelung der inneren Welt (Fantasie) von der äußeren Welt (Realität). Während im Äquivalenzmodus die innere Welt mit der äußeren Welt gleichgesetzt ist, sind die Welten jetzt konsequent voneinander entkoppelt. Die innere Welt kann der äußeren Welt nichts anhaben und umgekehrt. Dissoziation ist ein Mentalisieren im Als-ob-Modus. Der Schweregrad der Dissoziationen bestimmt sich auch aus dem Grad des Verlustes der »Bodenhaftung«. Der Als-ob-Modus kann für den Patienten oder die Patientin zudem auch ein Schutz sein, zum Beispiel um keine heftige Angst wahrzunehmen.

   Der Als-ob-Modus ist gekennzeichnet durch:

   - Es findet ein Sprechen in einer psychologisierenden Sprache statt, ohne dass dabei der Zusammenhang von innerer Welt und äußerer Realität berührt ist *(psycho-bubble)*.

- Sichtbar wird eine Idealisierung der Einsicht um ihrer selbst willen, aus sogenannten »intellektuellen« Gründen (der Patient oder die Patientin sagt: »Ich weiß, ich leide an einer unverarbeiteten Mutterbeziehung«). Meist ist dabei wenig Affekt spürbar.
- Die »Bodenhaftung« fehlt; das Narrativ kann dabei dissoziativ wirken oder sein, im Extremfall kann es Gefühle von Depersonalisation auslösen (»Ich fühle mich nicht real«).
- Es werden häufige und unbegründete Schlussfolgerungen über mentale Inhalte gezogen.

Die Reaktionen auf therapeutischer Seite können sein:

- das Verspüren von Langeweile,
- das Gefühl, es gäbe echte Erfolge in der Therapie, der Patient oder die Patientin habe schnell etwas verstanden, sowie
- Gefühle von Erleichterung, weil der Patient oder die Patientin den Ideen und Konzepten des Therapeuten oder der Therapeutin spontan zustimmt.

Interventionen, mit denen man den Als-ob-Modus verstärkt, sind:

- Die Therapeutin tut so, als habe sie verstanden, was der Patient meint.
- Sie nimmt die »Erkenntnisse« des Patienten als »hilfreich« an, ermuntert ihn zu weiteren »Erkenntnissen« und motiviert ihn damit nur scheinbar zu einem neuen Verhalten.

Interventionen, die aus der Sackgasse führen können, sind:

- Die Therapeutin prüft selbst, ob sie wirklich etwas verstanden hat oder eher das Gefühl vorherrscht, den Kontakt zum Patienten und dessen Problematik verloren zu haben.
- Sie teilt gegebenenfalls mit, dass sie den Kontakt zu verlieren scheint, und fragt, ob es dem Patienten ähnlich geht.
- Sie kehrt zur Haltung des Nicht-Wissens zurück und erfragt den Bezug zur äußeren Realität (»Können Sie

mir dazu ein konkretes Beispiel aus ihrer Erfahrung geben?«).

- Die Therapeutin bringt den Fokus der Sitzung in Erinnerung.
- Sie versucht sich an einem *challenging* (siehe die Ausführungen im Kapitel zum Mentalisierungsloop).

Hypermentalisieren: Hypermentalisieren ist gekennzeichnet durch das Bemühen zu mentalisieren, das aber zu einem zu schnellen und übertriebenen Interpretieren führt. Es wird zu schnell und zu viel in eine Situation hineininterpretiert. Es gilt als Unterform des Pseudomentalisierens. Hypermentalisieren geht oft mit Hypervigilanz, nicht-hinterfragten Annahmen und unkontrolliertem, exzessivem Schlussfolgern einher (Bateman & Fonagy, 2015). Dieses »Zuviel« an Mentalisieren hängt meist mit einem hohen Arousal (Erregungsgrad), aber auch mit epistemischer Wachsamkeit oder epistemischem Misstrauen zusammen. Hypermentalisieren kann verbunden sein mit einer erhöhten Sensibilität, ist also nicht einfach ein Zuviel des Guten.

Nach Carla Sharp, Kollegen und Kolleginnen (2013) ist Hypermentalisieren durch das Misslingen der Differenzierung von Selbst und anderen Personen in Bezug auf die Zuschreibung eines mentalen Zustandes charakterisiert. Die mangelnde Selbst-Andere-Differenzierung ist nach Luyten, de Meulemeester und Fonagy (2021) auch charakteristisch für Borderline-Persönlichkeitsstörungen. Die »Selbst-Andere-Diffusion« ist oft schwer zu identifizieren, weil das Hypermentalisieren meist sehr schnell erfolgt. Die Therapeutin oder der Therapeut läuft dann den Kognitionen der Patientin oder des Patienten hinterher. Was sie oder er dann bei sich wahrnimmt, ist, wie so oft bei allen prämentalisierenden Modi, zunächst ein ungewisses Gefühl von Unbehagen. Charakteristisch für das Hypermentalisieren ist auch die Einschränkung der Fähigkeit zur Integration von Kognitionen und Affekten sowie ein erschwerter Wechsel zwischen automatischem und explizitem Mentalisieren.

3. *Teleologischer Modus:* Der teleologische Modus ist manchmal nicht leicht vom Äquivalenzmodus zu unterscheiden. Ein einfaches Orientierungsmerkmal ist: Beim teleologischen Modus steht das Ziel im Narrativ der Patientinnen und Patienten stärker im Vordergrund als im Äquivalenzmodus. Der Handlungsdruck ist größer. Äußeres, also Handlungen sollen helfen, im Inneren Beruhigung zu finden.

   Der teleologische Modus ist durch folgende Merkmale gekennzeichnet:

   - Es herrscht eine Erwartung vor, dass gehandelt, dass etwas getan werden muss (»Was mir jetzt nur wirklich hilft, ist eine längere Krankschreibung von Ihnen!«). Dahinter steht die Annahme, dass nur Handlungen mentale Prozesse beeinflussen können.
   - Der Patient oder die Patientin liest Motive Anderer ausschließlich von deren Handlung ab (»Wenn mein Freund auf meine Handynachricht nicht innerhalb einer Stunde reagiert, liebt er mich nicht mehr!«).
   - Die Mentalisierung wird dazu eingesetzt, das Verhalten eines oder einer Anderen zu kontrollieren.
   - Die Mentalisierung wird eingesetzt, um spezifische Gedanken und Gefühle bei dem oder der Anderen zu induzieren, zum Beispiel in Form von Versuchen, eine Person zu einer Zustimmung zu bewegen.
   - Die Denkfähigkeit eines oder einer Anderen wird absichtlich unterwandert. Häufig ist dies bei antisozialen Persönlichkeiten zu finden. Die Unterwanderung der Denkfähigkeit geschieht manchmal auch durch die Verursachung von Erregung (Anschreien oder Drohen mit Gewalt).

Der teleologische Modus kann aber auch eine ganz andere Funktion haben: das intentionale Ausschalten der eigenen Mentalisierung als Schutz vor schädigenden oder bösartigen Absichten von Beziehungspersonen. Die Intentionen sind hier nicht auf Andere, sondern auf den Schutz der eigenen Psyche gerichtet. Die eigene Mentalisierung wird ausgeschaltet, um nicht die unerträglichen Vorstellungen aushalten zu müssen, dass eine vertraute Person das eigene Leben bedroht hat, zum Beispiel durch sexuelle Gewalt.

Die Reaktionen auf therapeutischer Seite können sein:

- das Erleben von Unsicherheit und Anspannung,
- das Spüren von Handlungsdruck, ein unterschwelliger oder deutlicher Zwang, dass etwas passieren müsse,
- Versuchungen, die Stunde zu überziehen, sowie
- der Drang, für den Patienten oder die Patientin Handlungen zu übernehmen, irgendwo anzurufen, für ihn oder sie Briefe zu schreiben.

Interventionen, mit denen man den teleologischen Modus verstärkt, sind:

- Der Therapeut gibt einem Drängen vorschnell nach, häufig verbunden mit der Hoffnung, der Patientin Wohlwollen zu zeigen und ihr damit entgegenzukommen.
- Er wird ärgerlich, zum Beispiel weil er sich gedrängt und manipuliert fühlt. Die Gefahr ist groß, dass das Drängen der Patientin auf Dauer negative Affekte auslöst, weil die dahinterliegende Not verkannt wird.

Interventionen, die aus der Sackgasse führen können, sind:

- Therapeutinnen und Therapeuten sollten sich am empathischen Validieren der Bedürfnisse orientieren. Es ist wichtig, empathisch zu bleiben und geduldig die Affekte zu erfragen, die zu der Not gehören und zum Bedrängen des Therapeuten bzw. der Therapeutin in die Richtung der gewünschten Handlung führen. Empathisches Validieren heißt auch, die mit dem Nicht-Mentalisieren verbundenen Affekte zu erforschen.
- Dazu muss man sich oft erst einen Freiraum zum Denken innerhalb der Therapiestunde erkämpfen. Gemeint ist damit, als Therapeut oder als Therapeutin den Freiraum zu haben, den eigenen Affekten nachzuspüren, während man vom Patienten oder der Patientin zur Handlung gedrängt wird.

Ziel mentalisierungsorientierter Interventionen ist es, nicht-mentalisierende Patientinnen und Patienten, die in einem der beschriebenen nicht-mentalisierenden Modi verharren, zum Mentalisieren anzuregen. Dazu ist es manchmal nötig, die Personen in ihrem Narrativ zu unterbrechen. Hierfür gibt es verschiedene Möglichkeiten:

- *Stop and stand:* Es geht darum, den »Pausenknopf« zu drücken. Die Patientin oder der Patient wird im Narrativ unterbrochen, damit die oben beschriebenen Interventionen des Therapeuten oder der Therapeutin überhaupt Gehör finden. Dies kann nötig werden, wenn der Therapeut oder die Therapeutin das untrügliche Gefühl hat, nun nichts mehr zu verstehen. Das Unterbrechen kann zudem nötig sein, wenn wir registrieren, dass die Affekte beim Patienten oder bei der Patientin hochdrehen, zu hoch, um noch mentalisieren zu können. Wir können dann sagen: »Können wir mal stoppen? Versuchen Sie runterzukommen, weniger aufgeregt zu sein.«
- *Stop and rewind:* Manchmal hilft es, den Patienten oder die Therapeutin zu unterbrechen und aufzufordern, jenen Punkt in der Stunde zu suchen, an dem noch ein Mentalisieren möglich war, um dann zu versuchen, gemeinsam zu diesem Punkt in der Stunde zurückzukehren.
- *Challenging: Challenging* ist charakterisiert durch einen Moment der Überraschung. Es ist etwas, was nicht erwartet wurde, zum Beispiel eine emotionale Äußerung der Therapeutin, die die Gefühlswelt des Patienten irritiert. Die Therapeutin versucht, den Patienten spielerisch aus dem nicht-mentalisierenden Gleis zu bewegen und ihn dadurch – vielleicht mit etwas Humor – dazu zu verleiten, nach einer neuen Orientierung zu suchen. *Challenging* hat die Intention, einen im prämentalisierenden Modus verharrenden Patienten zu unterbrechen, einen Perspektivwechsel anzuregen und das Mentalisieren zu fördern. Das *challenging* erfordert neben dem Gefühl einer sicheren und belastbaren Beziehung zum Patienten Kreativität und Fingerspitzengefühl.

  Dies erreicht die Therapeutin:
  - durch eine Intervention, die außerhalb des vom Patienten erwartbaren Rahmens liegt,

- durch eine Intervention, die den Patienten überrascht – es ist von Vorteil, die Intervention vorsichtig humorvoll zu vermitteln,
- durch nicht-wertende oder gar zynische Interventionen. Wenn Patient und Therapeutin über die Intervention spontan lachen können, ist das meist ein Zeichen von beginnendem Mentalisieren.

Um einen nicht-mentalisierenden Modus zu unterbrechen, ist es zunächst nötig, den Modus der Mentalisierungsstörung zu erkennen, um nicht in dasselbe Fahrwasser wie der Patient oder die Patientin zu geraten. Der Sog dahin ist meist groß. Erfahrungsgemäß fällt es den Teilnehmenden zunächst nicht leicht, die verschiedenen Modi zu identifizieren. Was hier als recht einfache Beschreibung erscheint, ist im lebendigen therapeutischen Dialog nicht so schnell zu erkennen und zu unterscheiden. Es braucht ein Gespür für die Modi und ihre Differenzierung, die erst durch Rollenspiele und eigene therapeutische Erfahrungen, vor allem aber durch die Beobachtung des gemeinsamen Dialogs von Patient bzw. Patientin und Therapeut bzw. Therapeutin – zum Beispiel im Video einer Behandlungssequenz – möglich wird.

Der Mentalisierungsloop

Der Fokus einer Stunde kann zum Beispiel eine aktuelle Erfahrung sein oder ein Thema, das mit einem aktuellen oder früheren Erleben verbunden ist. Der modellhafte Verlauf der Bearbeitung eines in einer Therapiestunde gefundenen Fokus ist in Abbildung 3 beschrieben. Das Vorgehen wird im Folgenden in einzelnen Schritten erläutert.

- *Entwicklung eines Narrativs (Klarifikation):* Zu Beginn ist es die Aufgabe, einen Fokus für die Therapiestunde zu finden. Der Therapeut ist an der Suche aktiv beteiligt, hört aber vor allem zu, gibt, wenn nötig, Anregungen und strukturiert das Gespräch. Er stülpt der Patientin aber kein Thema über. Ist ein Ereignis – etwas, was die Patientin in der letzten Zeit erlebt hat – gefunden, wird das Narrativ zum Erlebten gemeinsam erarbeitet. Zunächst regt der Therapeut eine detaillierte Schilderung des Ereignisses an. Das Narrativ sollte dabei plastisch herausgearbeitet werden wie eine Filmszene. Hier können auch detaillierte Fakten wichtig sein, zum Beispiel auslösende Bedingungen für einen Verlust von Kontrolle. Bei der detaillierten Schilderung der Fakten lassen sich manchmal bereits Mentalisierungsdefizite erkennen. Die konkrete und minutiöse Schilderung aktiviert oft die bei dem Ereignis beteiligten Emotionen. Sie werden im Hier und Jetzt spürbar und im nächsten Schritt thematisiert.

- *Affektelaboration:* Die mentalisierungsbasierte Behandlung fokussiert auf die gegenwärtigen Affekte. Dabei geht es um die Identifizierung und Differenzierung der Emotionen im Hier und Jetzt. Die Affekte werden zum Gegenstand der Reflexion, während sie wahrgenommen werden. Die Intention hinter diesem Vorgehen ist die Bewusstwerdung und Förderung von Entwicklung. Sie zielt zunächst nicht auf Veränderungen ab, sondern auf »mentalisierte Affektivität«. Hierzu darf freilich der Affekt nicht zu *intensiv* sein, denn bei zu intensiven Affekten fallen wir leicht in einen prämentalisierenden Modus zurück.

Wenn es möglich ist, kann in einem weiteren Schritt der gegenwärtige Affekt, der von Patientin und Therapeut geteilt wird, zum Fokus werden. Manchmal gibt es auch Affekte, die gemeinsam erlebt werden, aber für die keine Worte gefunden wurden oder für die die Aussprache vermieden wird. Es ist dann Aufgabe des Therapeuten, mit der Patientin diesen »Elefanten im Raum« zu benennen und über ihn zu sprechen.

Abbildung 3: Der Mentalisierungsloop (modifiziert nach Bateman & Fonagy, 2016; sowie Euler & Walter, 2018)

Was ist bei der Affektelaboration zu beachten?

- Es ist nicht Ziel des Therapeuten, der Patientin beizubringen, wie man mentalisiert.
- Die Patientin exploriert gemeinsam mit dem Therapeuten die Affekte. Sie wird vom Therapeuten ermutigt, selbst Worte und Begriffe für ihre Affekte zu finden. Es geht nicht darum, dass der Therapeut deutend die Affekte benennt.
- Gefördert wird ein gemeinsamer Prozess des Mentalisierens. Dabei geht es weniger um das Ergebnis als vielmehr um den Prozess.
- Vorrangiges Ziel ist es, die Patientin für eine neugierige explorative Haltung zu gewinnen.
- Die Affektelaboration soll bei Berichten von traumatischen Erlebnissen zur Koppelung an das »Hier und Jetzt« führen und die traumatische Fixierung im »Dort und Damals« mildern.

Bei einer für den Patienten oder die Patientin typischen Problematik kann es auch sinnvoll sein mit dem Patienten oder der Patientin schrittweise zunächst die vorausgehenden Bedingungen, daraufhin die Auslöser, dann das innere Erleben und schließlich die darauffolgende Reaktion bzw. das Verhalten zu explorieren. Dabei sollte der Fokus auf der Erkundung der dazugehörigen Gedanken, Gefühle und den wahrgenommenen Körperreaktionen liegen.

Der Therapeut oder die Therapeutin erfragt dabei detailliert die Erfahrungen des Patienten oder der Patientin im zeitlichen Ablauf. Auch dies ist ein *micro-slicen*, eine »Salami-Taktik«. Es kann es sein, dass der Patient oder die Patientin bei der Fokussierung keine Erinnerungen über den Beginn und den Vorlauf bis hin zum kritischen Verhalten mehr hat. Auch dies ist eine wichtige Information. Möglicherweise waren die Affekte schon zu intensiv oder der Patient bzw. die Patientin war dissoziiert. Dann führt oft die Erfragung des letzten noch erinnerten Gedankens weiter. Der Patient oder die Patientin erhält so langsam ein Gefühl für den Prozess und kann Warnsignale, die die Auslösung der Verhaltenskette begünstigen, beim nächsten Mal besser erkennen.

Was aber ist, wenn eine Fokusformulierung in der Behandlungsstunde nicht möglich ist? Die Therapeutin kehrt dann zurück zu den grundlegenden Aspekten:

- *Unterstützung:* Die Therapeutin versucht aktiv, die Motivation zur Behandlung aufrechtzuerhalten. Sie identifiziert und exploriert gelungenes Mentalisieren beim Patienten.
- *Empathie:* Die Therapeutin zeigt authentisches Interesse an dem Patienten und seiner Geschichte, bemüht sich, an dessen Seite zu stehen, aber nicht für ihn zu handeln.
- *Empathisches Validieren:* Die Therapeutin vertritt die Sichtweise, dass der Patient für das, was er sagt und tut, gute Gründe hat, auch wenn er es noch nicht versteht. Die Therapeutin ist sich bewusst, dass es immer mehr als nur eine richtige Sichtweise gibt, es geht nicht um Urteile von richtig und falsch, gut und schlecht, moralisch und unmoralisch oder realistisch und unrealistisch. Generell geht es nicht um Beurteilungen und Bewertungen. Es handelt sich um eine Haltung der radikalen Akzeptanz: Die vom Patienten geäußerte Sichtweise hat Gültigkeit.

Dies sind allgemeine Faktoren einer erfolgreichen Psychotherapie. Die Erarbeitung eines Fokus bleibt dann erst mal das noch nicht erreichte nächste Ziel nach dem Modell der Mentalisierungsbasierten Therapie.

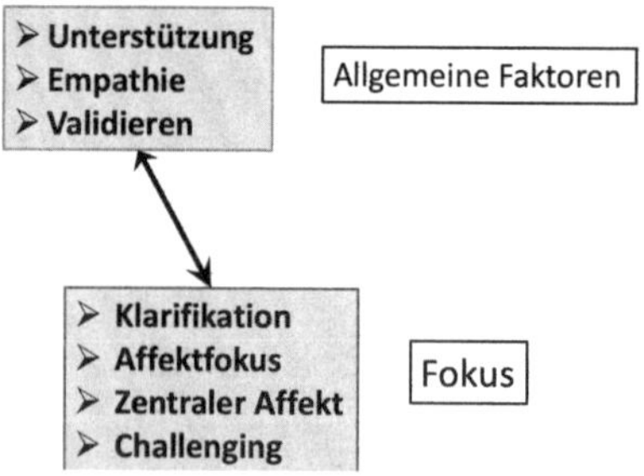

Abbildung 4: Interventionsebenen in der MBT

Mentalisieren der therapeutischen Beziehung und der Übertragung

Die MBT-Adherence-Skala (Bateman & Fonagy, 2020) charakterisiert die wesentlichen Elemente einer mentalisierungsbasierten Therapiestunde. Die Hauptaufgaben sind:

- das Mentalisieren im Prozess zu fördern, zum Beispiel durch den Standpunkt des Nicht-Wissens, durch das empathische Validieren und das Hervorheben positiven Mentalisierens,
- nicht-mentalisierende Modi zu erkennen und zu verändern,
- die Klarifikation der Affekte, ihre Identifikation und die Verbindung zu Ereignissen,
- die Anerkennung verschiedener Perspektiven sowie
- das Mentalisieren von Beziehungen, auch der therapeutischen Beziehung.

In der neueren Psychotherapieforschung wird die therapeutische Beziehung besonders unter den Aspekten *rupture* und *repair* diskutiert (Tronick & Gold, 2020; Safran et al., 2011; Tronick, 2007). Hierbei wird mit einer erhöhten Sensibilität der Blick auf die Brüche in der therapeutischen Beziehung *(rupture)* und die Wiederherstellung einer guten therapeutischen Beziehung *(repair)* gelenkt. Ein häufiges und zeitnahes *repair* schafft langfristig eine positive Erwartungshaltung dazu, dass Missverständnisse »repariert« werden können, es zu Verständnis und Konsens kommen kann. Dabei entwickelt sich eine positive und weitgehend realistische Erwartungshaltung, die kennzeichnend für ein intuitives epistemisches Vertrauen ist.

Die Wichtigkeit der therapeutischen Beziehung wurde in der Psychotherapieforschung zunächst von der Psychoanalyse »entdeckt« (Bordin, 1979). Sie berührt ein zentrales Thema der psychoanalytischen Psychotherapie: die Übertragung und Gegenübertragung. In der MBT steht die Mentalisierung der therapeutischen Beziehung im Vordergrund. Was heißt das?

In der Mentalisierungsbasierten Therapie geht es nicht um die Deutung der Übertragung, wie dies in der Arbeit an der Übertragung geschieht, sondern um ein Arbeiten in der therapeutischen Beziehung (Körner, 1989). In der Arbeit an der Übertragung stellt sich der Therapeut außerhalb der therapeutischen Beziehung und deutet sie. Er verlässt in diesem Moment seine Rolle im Spielfeld als Mitspieler, stellt sich an den Spielfeldrand und kommentiert den Spielverlauf. Die Gefahr dieser Form von Intervention besteht zum einen darin, dass von der Patientin eine hohe Mentalisierungsleistung verlangt wird. Zum anderen besteht die Gefahr, dass sie die Deutungen des Analytikers nicht als Kommentar des Trainers am Spielfeldrand wahrnimmt, sondern als Ansage vom Feldherrenhügel, die in vielen Fällen pseudomentalisierend als gelernte »Weisheit« bei der Patientin bleibt. Bei der Arbeit in der Übertragung bleibt der Therapeut im Feld.

Wie kann der Therapeut das gemeinsame Mentalisieren der therapeutischen Beziehung einschließlich der Übertragung und Gegenübertragung fördern?

- Er kann bei der Patientin nachfragen, wie es ihr mit ihm geht.
- Er kann bei der Patientin nachfragen, wie es ihr zufolge wohl dem Therapeuten mit dem geht, was sie ihm gerade gesagt hat.
- Der Therapeut teilt seine Erfahrung in der Beziehung mit der Patientin mit, die als seine ganz persönliche Erfahrung markiert wird, und fragt die Patientin dann danach, wie es ihr damit geht.
- Therapeut und Patientin »schmieden das Eisen, wenn es kalt ist«. Gemeint ist damit: Wenn die therapeutische Beziehung in einer Stunde wieder in einem ruhigeren Fahrwasser ist, sollte mit der Patientin über das Erleben der therapeutischen Beziehung eine Stunde zuvor gesprochen werden, in der es affektiv recht turbulent zuging.
- Mentalisieren der Beziehung als »der Elefant im Raum«: Manchmal erleben Therapeut und Patientin in einer Therapiestunde, dass ein unausgesprochenes Thema, ein unterschwelliger Konflikt oder ein heftiges, nicht so leicht benennbares Gefühl den therapeutischen Prozess stark beeinflusst oder behindert. Diese Anteile der therapeutischen Beziehung sind der Patientin und dem Therapeuten meist nur zum Teil bewusst, oft schwer zu formulieren, manchmal zunächst ganz dem Bewusstsein entzogen. Diese Anteile kann man als »Elefant im Raum« bezeichnen: Der Elefant ist das schwergewichtige Thema, das bisher nicht angesprochen wurde. Seine Allgegenwart wirkt beunruhigend oder bedrückend, doch die Anwesenden sprechen nicht darüber. Der Grund dafür kann vielfältiger Natur sein: Es kann die Angst sein, ein Tabu zu brechen oder eine ungeschriebene Regel zu verletzen. Es bleibt dann meist die Aufgabe

des Therapeuten, die Patientin behutsam zu fragen, ob sie den Elefanten auch wahrnimmt und ob wir ihn benennen können. Der Elefant im Raum ist meistens ein Beziehungsthema, denn er steht zwischen Therapeut und Patientin.

Allgemeine Empfehlungen für solche schwierigen Situationen sind orientiert an

- der Durchführung kurzer und einfacher Interventionen,
- der Konzentration auf das Hier und Jetzt und der Ermutigung zu weiteren Explorationen,
- dem Fokus auf den Affekt,
- der Förderung einer mittleren Intensität emotionaler Beteiligung, die nicht zu nah und nicht zu weit weg vom Feuer der hohen Affekte ist,
- der Ermöglichung einer sicheren Basis, die die Erforschung der inneren Zustände des Patienten oder der Patientin erleichtert, sowie
- dem Versuch, den Patienten oder die Patientin dazu anzuregen, Erfahrungen aus verschiedenen Perspektiven zu betrachten.

Was sollte die mentalisierungsbasiert arbeitende Therapeutin möglichst vermeiden?

- Es ist nicht die Aufgabe der Therapeutin, dem Patienten zu sagen, wie er fühlt, was er denkt, wie er mentalisieren soll oder gar, wie er sich verhalten soll.
- Es ist nicht die Aufgabe der Therapeutin, dem Patienten zu sagen, was die Gründe für seine Schwierigkeiten sind, seien sie bewusst oder unbewusst.
- Jeder Versuch in Richtung »Ich weiß, wie der Patient ist« oder »Ich weiß, wie der Patient sich verhalten und denken soll« oder auch »Ich weiß, warum der Patient so ist, wie er ist« kann dem Patienten potenziell schaden. Dies gilt besonders bei Personen mit schweren funktionellen Einschränkungen (nach ICD-11) oder strukturellen Beeinträchtigungen (nach OPD-3), beispielsweise bei Patientinnen und Patienten mit einer Borderline-Persönlichkeitsstörung, schweren traumatischen Erlebnissen oder grober Vernachlässigung in ihrer Lebensgeschichte.

Falldarstellung

Die folgende Falldarstellung bezieht sich auf eine Patientin, die sich in einer psychoanalytisch orientierten Langzeittherapie in der 70. Stunde befand. Die Schwere der Symptomatik hatte bereits deutlich abgenommen. Die Behandlung fand einmal in der Woche im Sitzen statt und dauerte insgesamt drei Jahre. Der Therapeut war in regelmäßiger Supervision bei einem anerkannten MBT-Supervisor. Die Behandlung verlief nach Einschätzung der Patientin und des Therapeuten recht erfolgreich. Auch nach Abschluss der Behandlung vereinbart die Patientin gelegentlich einen weiteren Termin, um eine aktuelle Problematik zu besprechen. Details hinsichtlich der Geschichte der Patientin, ihrer aktuellen Situation und Einzelheiten im Therapieverlauf wurden so verändert, dass die Anonymität der Patientin erhalten bleibt.

Frau R. war zu Therapiebeginn 25 Jahre alt und litt unter den Symptomen einer komplexen Posttraumatischen Belastungsstörung (kPTBS). Ihre Kindheit war von Armut und Tendenzen zur Verwahrlosung geprägt. Der Vater war gegenüber seiner Ehefrau häufig gewalttätig. Er gehörte einer esoterisch-religiösen Gruppierung an, die seine berufliche Tätigkeit erschwerte. Die Mutter wurde von der Tochter als liebevoll und zugewandt erlebt. Auch sie litt unter den familiären Verhältnissen, wehrte sich jedoch in den Augen der Patientin zu wenig. Frau R. konnte sich mithilfe der Fürsorge durch Verwandte früh aus der Familie lösen, aber die familiäre Gewalt und das Überleben in einem sozialen Brennpunkt hatten für sie traumatisierenden Charakter. Ihre sportlichen Interessen und Erfolge brachte sie mit Söhnen reicher Eltern zusammen, die im Klettern als Extremsport ihre Abenteuer fanden. Dank ihrer Intelligenz und Eloquenz fand sie als Quereinsteigerin mit abgebrochenem Studium in einem Startup-Unternehmen eine gute berufliche Position und lebte mit ihrem Partner zusammen.

Frau R. hatte vor der aktuellen Therapie einen Klinikaufenthalt und zwei ambulante Therapieversuche hinter sich. Sie kam nach einem Konflikt mit ihrem damaligen Freund und einer Klinikeinweisung im Rahmen einer Selbst- und Fremdgefährdung zur aktuellen Therapie. Sie hatte sich schon aus der Klinik heraus zu einem Erstgespräch angemeldet. Als Symptomatik schilderte die Patientin zu Therapiebeginn Selbstverletzungen, massive Eifersucht, starke Stimmungsschwankungen mit intensiven depressiven Phasen und andrängenden Suizidfantasien, eine starke Abhängigkeit vom Partner, Kontrollzwänge, bis zum Therapiebeginn gelegentlicher Drogenkonsum sowie ein Suizidversuch in der Vergangenheit. Diagnostiziert wurden eine Borderline-Persönlichkeitsstörung und eine komplexe Posttraumatische Belastungsstörung.

In der ersten Therapiephase wurden gemeinsame Therapieziele und ein Therapieplan formuliert, ebenso ein individualisierter Krisenplan:

1. Was ich selbst in der Krise tun kann,
2. Dinge, die ich nicht tun sollte, wenn ich mich in einer Krise befinde,
3. Informationen für die Therapeutin oder den Therapeuten und die Ärztin oder den Arzt, die mich in einer Krise sehen,
4. Was Therapeutin oder Therapeut und Ärztin oder Arzt tun können,
5. Dinge, die die Therapeutin oder der Therapeut getan hat, die in der Vergangenheit aber nicht hilfreich waren,
6. eine Zusammenfassung der unmittelbaren Hilfen, die in der Vergangenheit nützlich waren, sowie
7. eine Liste mit Kontakten jener Personen, die den Krisenplan erhalten.

Die Therapieziele wurden in den ersten Therapiesitzungen gemeinsam mit Frau R. erarbeitet und zu einem Konsens gebracht. Die Ziele sollten kurz und prägnant formuliert werden, um in Therapiestunden auf sie zurückgreifen zu können, zum Beispiel wenn innerhalb der Therapie der rote Faden verlorengeht. In diesem Fall lauteten die Ziele:

- Stimmungsschwankungen in den Griff bekommen (Trigger beachten und zudem erkennen, wenn Wut zu stark wird);
- herausfinden, was zu Depressionen führt und versuchen, es auszuhalten;
- mehr Selbstvertrauen entwickeln;
- auf Drogen verzichten;
- in Beziehungen nicht so häufig und heftig überreagieren;

- in der Beziehung zu sich selbst halten und nicht völlig darauf fixiert sein, zum Beispiel durch Versuch, »Sendepausen« auf dem Smartphone auszuhalten;
- im Falle der Trennung dies aushalten können und keinen Suizidversuch unternehmen.

Die persönliche Therapielandkarte

Sie diente der Patientin und dem Therapeuten als erste Orientierung für den weiteren Therapieverlauf und wurde in der ersten Therapiephase gemeinsam mit Frau R. erarbeitet. Die hier wiedergegebene Fassung ist eine Kurzfassung, die nur das Grundprinzip anschaulich machen soll (ausführlicher bei Grove & Smith, 2022). Inhalte und Formulierungen wurden gemeinsam in mehreren Sitzungen erarbeitet und konsentiert. Dies war zwar zunächst eine kognitive Leistung, aber es wurden auch starke Affekte berührt, die zu Themen in der späteren Arbeit führten, hier jedoch dem Ziel dienten, einen Therapieplan zu erarbeiten. Gemeinsame Formulierungen sind dabei wichtig. Die Sichtweise der Patientin stand im Mittelpunkt und schlägt sich in der persönlichen Formulierung nieder.

Bezogen auf die Vergangenheit formulierte die Patientin:

> »Einen großen Einfluss auf meine Entwicklung hatte die frühe Erfahrung mit meiner geängstigten und ängstlichen Mutter gegenüber meinem sehr gewalttätigen Vater. Ich habe sie als sehr unterwürfig in Erinnerung [heute leben die Eltern getrennt; H. K. & J. B.]. Zu meinem Gepäck gehören mehrere schlimme Erinnerungen, die mich oft wider Willen überfallen [haben]. Ich weiß, diese Erfahrungen führen mit zu meinen sehr misstrauischen Anteilen und tragen zu meinen innerlichen Rückzügen bei. Die gute Beziehung zu meiner Mutter und positive Erfahrungen außerhalb der Familie machten aus mir ein nach außen gewandtes Kind, das viel Anerkennung für seine Lebendigkeit schon in Kindergarten und Schule fand. Glückliche Umstände führten mich zu meinem Onkel und meiner Tante, die für mich sorgten, und zu einem unkonventionellen Sportlehrer, der mich verstand und so annahm, wie ich war. Er öffnete mir die Welt zum Sport und Freundschaften. Meine Schwester hatte dieses Glück leider nicht.«

Über die Gegenwart (Schwierigkeiten, Trigger, Beziehungen, zentrale Affekte, Versuche der Bewältigung) schreibt sie:

> »In meiner Liebesbeziehung wiederholte sich meine Erfahrung mit meinem Vater mit einem gewalttätigen Mann. Die Gewalttätigkeiten gehen dabei häufig auch von mir aus. Der Therapeut und ich vermuten, der Grund, warum ich die Beziehung in dieser Weise so lange aushalte, steht im Zusammenhang mit meinen starken *Abhängigkeitsgefühlen*. Ich weiß nicht, ob ich mich aus dieser Beziehung lösen soll. Ich bin *voller Misstrauen* gegenüber dem Mann, aber weiß nicht, ob sich in einer anderen Beziehung nicht alles wiederholen würde. Finanziell geht es mir dank meines Jobs ganz gut, aber ich überfordere mich oft, esse nicht regelmäßig und arbeite oft fast die ganze Nacht. Ich habe Angst, dass von meiner privaten Geschichte etwas nach außen dringt. *Das ist so etwas wie Scham.*
>
> Es gibt noch einen weiteren Punkt: Mich bewegen leidvolle Erfahrungen und Schicksale Anderer viel zu stark. Ich versetze mich dann zu sehr in den Anderen und komme davon lange nicht los, drohe, in der Öffentlichkeit unkontrolliert weinen zu müssen. Ich fühle mich oft schuldig und wie ein Apfel, der innerlich faul ist. Die Anderen merken das irgendwie« [Kursivierung zentraler Affekte H. K. & J. B.].

Über ihre Mentalisierungsschwierigkeiten sagt sie:

> »Ich kann mich gut in Andere hineinversetzen, aber meine eigene Welt kenne ich wenig – sagt mein Therapeut. Dies kann mit Schuldgefühlen zusammenhängen, die ich habe, weil meine Schwester nur das Pech hatte und nicht mein Glück mit unserer Mutter und den Anderen. Es wird in der Therapie darum gehen, meine heftigen Gefühle auszuhalten und Warnhinweise zu erkennen, bevor es zur Explosion kommt. Es wird darum gehen, sich von meinen Gefühlen nicht irre machen zu lassen und vor allem nicht gleich zu handeln. Wenn ich so außer Kontrolle komme, bricht das Reflektieren zusammen. Meine äußere Welt erlebe ich dann wie meine innere Welt. Manchmal will ich dann auch mit dem Kopf durch die Wand. Das sei dann – so mein Therapeut – der nicht-mentalisierende ›teleologische

Modus‹. Ich versuche dann, etwas außen zu verändern, aber es wird darum gehen, das Innere – Gefühle, Spannungen und Stress – besser aushalten zu können.«

Über die Therapie (und die antizipierten Schwierigkeiten) äußert sie sich folgendermaßen:

»In der Therapie kann ich eigentlich gut vertrauen. Das ist okay, aber es könnte dazu führen, dass ich möchte, dass mein Therapeut mir schneller helfen sollte und immer für mich da ist. Ich könnte dann sehr enttäuscht und heftig werden. Es wird darauf ankommen, dann nicht selbst- oder fremdschädigend zu werden oder die Therapie gleich abzubrechen. Für Krisen haben wir dazu einen Notfallplan erarbeitet. Auf ihn können wir uns beide beziehen. Es ist unser ›Vertrag‹. Dort steht auch, an wen ich mich in einer Krise wenden kann.

Insgesamt konnte Frau R. recht gut mentalisieren, ihre Mentalisierungsfähigkeit konnte jedoch in nahen Beziehungen und bei heftigen Affekten schnell zusammenbrechen. Dies war auch der klinische Eindruck des Therapeuten. Zur Veranschaulichung der Dimensionen und Polaritäten in einem typischen Narrativ – in der unten berichteten Episode, aber nicht nur dort – kann das folgende Schaubild dienen:

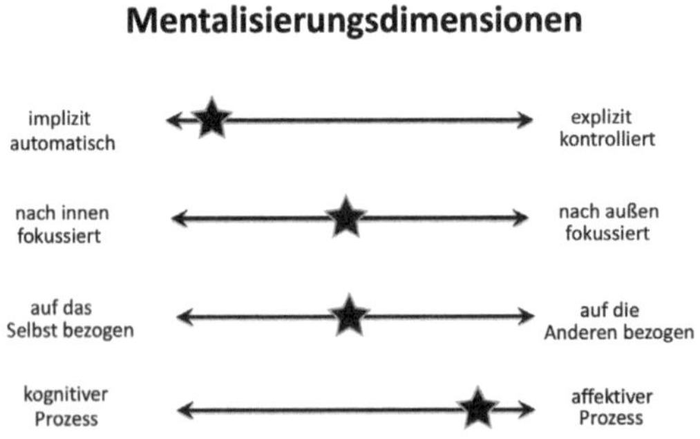

Abbildung 5: Mentalisierungsdimensionen am Beispiel von Frau R.

Frau R. ist in ihrem Narrativ stark auf den affektiven Pol fixiert (versus kognitiver Pol), ebenso stark auf den impliziten Pol (versus expliziter Pol). In den beiden anderen Dimensionen ist keine deutliche Fixierung erkennbar. Der Therapeut (T) versucht in der nun folgenden transkribierten Episode, Frau R. von der Fixierung auf ein implizit-automatisches und affektives Mentalisieren ein wenig in die entgegengesetzte Richtung zu bewegen.

Frau R. (noch recht gelassen): Ich bin schon wieder total unglücklich in unserer Beziehung und konnte letzte Nacht nicht schlafen. Habe kein Auge zugemacht!

T: Da ist wieder dieses bohrende Unglück. Was ist passiert? Gab es dazu einen Auslöser?

Frau R.: Eigentlich ist alles furchtbar. Ich kann das nicht mehr aushalten! Es waren mehrere Punkte.

T: Es ist schwer auszuhalten, ich verstehe. Aber versuchen Sie und ich jetzt etwas Distanz zu kriegen und zu überlegen, ob Sie einen konkreten Auslöser erinnern können? – Keep cool. Können Sie es mal versuchen?

Frau R.: Ich weiß. Also am liebsten hätte ich, dass Frank [der Partner der Patientin; H. K. & J. B.] den Kontakt zu seiner Ex-Freundin Melanie ganz aufgibt.

T: Gab es da jetzt eine konkrete Situation für das, was Sie sagen?

Frau R. (gerät in heftigen Affekt): Am Mittwoch, also gestern, hat er seine Ex bei gemeinsamen Bekannten bei einem Event wiedergetroffen! Und er sagte mir das im Nachhinein, und wir kamen auf etwas zu sprechen – ich weiß nicht mehr was –, es war nicht sehr wichtig, aber er verteidigt sie immer. Das heißt doch, er liebt sie noch!!

T: Ah … Können Sie mal stoppen?

Frau R. (aufgeregt und schnell): Nein! Das ist nicht übertrieben von mir! Sie glauben mir nicht!

T: Können Sie mal stoppen? Deshalb sprechen wir ja darüber.

Frau R. (etwas weniger aufgeregt): Aber es macht mich rasend, wenn er sie verteidigt!

T: Gut, das kann ich ja verstehen. Sie sehen aber da auch, genauso wie ich, ein Problem, womit Sie nicht klarkommen. Ist doch so? Aber ich kann auch irren?

Frau R.: Ja, schon, aber er sollte sie nicht verteidigen. Ich habe schon Angst, wenn wir ihr beruflich wieder begegnen.

T: Melanie ist für Sie eine furchtbare Bedrohung. Wo immer sie auftritt, in Worten oder real.

Frau R.: Eigentlich glaube ich Frank. Sonst hätte ich schon längst Schluss gemacht.

T: Da wären Sie ganz konsequent. Es wäre sonst für Sie nicht aushaltbar.

Frau R.: Ja, absolut!

T: Was immer das heißt. Aber bleiben wir mal bei dem, was Sie eben gesagt haben. Was passiert dann eigentlich bei Ihnen, wenn er Melanie verteidigt?

Frau R.: Er liebt Melanie noch, da bin ich mir ganz sicher!

T: Ah ja. Aber sind Sie sich da wirklich so sicher?

Frau R. (wieder aufgeregter): Wie er sich verteidigt, ich werde eifersüchtig. Sie ist eine Hure, wo die sich rumtreibt, hip, und er liebt so was. Ich will, dass sie weg ist!!

T: Woher wissen Sie das eigentlich so sicher, dass sie eine Hure ist?

Frau R.: Weiß ich nicht. Habe ich auch nur so gesagt … na ja, aber so was Ähnliches!

T: Wenn ich Frank und Melanie verteidige, wenn ich frage: Sind Sie sich da so sicher, was Sie über Melanie denken? Werden Sie dann auch ärgerlich auf mich?

Frau R.: Nein, Sie sind ja nicht Frank!

T: Ach ja, stimmt, entschuldigen Sie.

Beide lachen.

Frau R.: Schon gut!

T: Können wir noch einmal zurückgehen zum Ausgang Ihrer Erzählung? Also dahin, als Frank Melanie gestern verteidigte, was haben Sie da a) gedacht, b) gefühlt, c) körperlich gespürt, d) getan?

Frau R.: Oh Gott, Sie stellen ja mal wieder schwierige Fragen.

T: Versuchen Sie sich auf diese Aufgabe zu konzentrieren, das bringt uns – Sie und mich – gefühlsmäßig auch etwas runter.

Frau R.: Ich verstehe das nicht!

T: Sie haben recht. Ich muss mich auch zügeln. Also, langsam und der Reihe nach: Was haben Sie gedacht, als Frank gestern begann, Melanie zu verteidigen?

Frau R.: Er liebt sie noch! Sie ist eine Gefahr! Dieser Idiot!

T: Ok. Und als Frank Melanie gestern verteidigte, was haben Sie in diesem Moment gefühlt?

Frau R.: Wut und Angst. Mehr Wut als Angst. Zerstörerische Wut! Draufhauen! Endlich draufhauen!

T: Gefühl oder Handeln? Gefühl *und* Handeln?

Frau R.: Nur Handeln hilft!

T: Okay. Das war dann schon fast eine Tat. Aber gehen wir weiter. Als Frank Melanie verteidigte, was haben Sie da körperlich gespürt?

Frau R.: Angst, gezittert! Und eher versucht, das zu unterdrücken.

T: Haben Sie sonst noch etwas körperlich gespürt?

Frau R.: Ich kann mich nicht mehr erinnern.

T: Okay. Als Frank Melanie verteidigte, was haben Sie dann getan?

Frau R.: Frank angegriffen!

T: Körperlich?

Frau R.: Nein, aber ich habe ihn aus meiner Wohnung geschmissen.

T: Und dann?

Frau R.: Das war Mist. Ich habe mich auch schon entschuldigt.

T: Das waren ihre Reaktionen auf verschiedenen Ebenen. Und wie geht es Ihnen jetzt?

Frau R.: Ich bin aufgeregt, aber nicht mehr ganz so stark wie gestern. – Es war nicht sehr klug in dieser Situation, Frank rauszuschmeißen.

T: Wie könnten Sie damit anders umgehen?

Frau R. (aufgeregt): Sie sollte verschwinden, aber schnell. Das wäre am einfachsten! Ich könnte Melanie umbringen. Ganz ehrlich!

T: Stopp! … Zurück! … Zurück!

Frau R.: Okay. Ich verliere immer schnell die Verfassung.

T: Ja. Gehen wir zurück ganz an den Anfang. Geht das? Da hatten Sie ja noch etwas die Kontrolle.

Frau R. (lacht etwas): Wenn Sie es wollen!

T (lächelnd): Ja, ich will das. Was war da anders?

Frau R.: Ich konnte die Balance zwischen Gefühlen und Verstand halten.

T: Und jetzt?

Frau R.: Jetzt ist die Balance nahezu wieder da.

T: Und was denken Sie jetzt noch?

Frau R.: Ich sollte versuchen, jetzt die Kontrolle zu bewahren, stattdessen gebe ich noch mehr Gas und fantasiere mich in die Gewalt rein.

T: Sehr gut! Sehr gut!

Frau R. und der Therapeut sind im Hier und Jetzt gemeinsam damit beschäftigt, die Affekte zu modulieren und zu mentalisieren, und zwar Affekte ausgelöst von Eifersucht und Misstrauen, kreisend um Angst, Wut, Allmachts- und Gewaltfantasien. Frau R. gerät zunehmend in einen Sog, beherrscht von Affekten. Ihre Mentalisierungsfähigkeit bricht zusammen. Ihre Affekte werden zu stark: Sie gerät in den teleologischen Modus (»Melanie ist eine Hure!«, »Sie muss von der Bildfläche verschwinden!«).

Der Therapeut versucht ein *challenging*, das heißt hier, die Patientin humorvoll aus der verhängnisvollen Spur zu immer stärkerem Affekt herauszubringen, indem er fragt, ob er im Moment auch Opfer der Eifersucht geworden ist. Es gelingt ein wenig: Beide lachen und die Situation entspannt sich etwas. Dann aber steigt die affektive Anspannung wieder steil an. Der Therapeut interveniert mit *stop and stand* und dann mit einem Angebot, zurückzugehen, mit einem *rewind*.

Deutlich wird in dieser Szene, wie es möglich ist, den Standpunkt des Nicht-Wissens umzusetzen, wie es statt mit einer Deutung mit einer neugierigen Haltung weitergehen kann. Der Therapeut versucht die Affekte zu »prozessieren«. Das kann nur bei einer mittleren Stärke der Affekte gelingen, in einem *window of tolerance*. Damit ist ein »Fenster« gemeint, in dem die Patientin deutliche Affekte hat und gleichzeitig die Mentalisierung noch nicht vollständig zusammengebrochen ist. Dies ist der Bereich, in dem »mentalisierte Affektivität« möglich ist.

Der Therapeut versucht mehrmals ohne Erfolg, Frau R., die in einen impliziten, hochaffektiven, nicht-mentalisierenden Modus geraten ist, wieder zurückzubringen in ein eher explizites, langsameres Mentalisieren. Dennoch bestätigt sich auch in der geschilderten Sequenz der oben bereits erwähnte klinische Eindruck einer teilweise guten Mentalisierungsfähigkeit. Frau R. kann sich bei ihrem Partner entschuldigen und sich durch die Akzeptanz des vom Therapeuten angeregten *stop and rewind* infrage stellen lassen.

Deutlich wird, dass der Therapeut aus einer nicht-wissenden Haltung heraus stark auf den Prozess und die Affekte fokussiert. Mit Geduld und einer gewissen Hartnäckigkeit versucht er eine stärker kognitive Sichtweise zu etablieren (»Was haben Sie da gedacht?«, »Versuchen Sie sich auf diese Aufgabe zu konzentrieren«) und die rasch ablaufenden impliziten Prozesse zu verlangsamen (hin zu stärker explizitem Mentalisieren).

Auch in dieser Fallsequenz ist die therapeutische Beziehung –

vertieft verstanden im Sinne von Übertragung und Gegenübertragung – das bestimmende Element. Frau R. kann dem Therapeuten folgen. Dies spricht für eine vertrauensvolle, tragfähige therapeutische Beziehung. Die mentalisierungsfördernde Kommunikation zwischen Patientin und Therapeut reißt nicht ab, weil in dieser Sequenz die positiven Übertragungsanteile erhalten bleiben und die positive Gegenübertragung weiter vorherrscht. Das gelingt gewiss nicht immer. Der Therapeut mutet der Patientin ein wenig seine »Herzlosigkeit« zu. Dies hätte auch schnell negative Übertragungsanteile triggern können. Frau R. hätte dann vielleicht geantwortet: »Sie verstehen mich nicht. Sie verstehen als Mann sowieso nur Frank! So ist das eben!« Oder Sie hätte einfach nur heftig wütend agiert. Dann wäre es die Aufgabe des Therapeuten gewesen, gegebenenfalls und falls möglich den Bruch in der therapeutischen Beziehung zum Fokus zu machen. Auf jeden Fall wäre es jedoch seine Aufgabe gewesen, ein *repair* zu versuchen. Störungen im Bereich von Übertragung und Gegenübertragung haben Vorrang, und nach dem mentalisierungsbasierten Therapiemodell übernimmt der Therapeut die Verantwortung für die therapeutische Beziehung.

Mentalisieren in der Psychotherapie: Ein integratives Modell

Für Peter Fonagy und Tobias Nolte (2023, S. 12) ist das Ziel einer Psychotherapie »*nicht so sehr die Vertiefung eines bestimmten Verständnisses* […], *sondern vielmehr die Fähigkeit zum Verstehen als solches, fast unabhängig von den spezifischen unbewussten Konflikten, die einen Patienten in die Behandlung bringen*«. Das im Folgenden skizzierte integrative Modell basiert auf dem Mentalisierungskonzept und Modellen der Gegenwartspsychoanalyse. Es verbindet einen *Prozessfokus* mit einem *inhaltlichen Fokus* und ist aus der klinischen Erfahrung und dem Bedürfnis heraus entstanden, den Wissensschatz der Psychoanalyse mit dem Mentalisierungsansatz zu verknüpfen. Die Psychoanalyse hat sich im ersten Jahrhundert seit ihrem Bestehen vornehmlich auf die Inhalte, Wünsche und Motive des psychischen Lebens konzentriert, weniger auf die psychische Struktur (den Aufbau von Repräsentanzen); selbst die Objektbeziehungstheorie und andere neuere Entwicklungen betonen stärker die psychischen Inhalte (Michels, 2009; Kirsch, 2014). Daher kritisieren insbesondere psychoanalytische Autorinnen und Autoren, dass den Inhalten der Fantasien und der Affekte im Mentalisierungskonzept zu wenig Bedeutung zugemessen werde (Diamond & Kernberg, 2008). Es ist nicht allein die Intensität der Affekte, die eine Reflexion erschweren kann (wie im neurobiologischen Stressmodell), auch die Qualität der Affekte (wie Ekel, Angst oder Wut) spielt eine bedeutsame Rolle.

Während psychoanalytische Autorinnen und Autoren sich also stärker auf die Inhalte fokussieren (also auf die Konflikte), erweitert das Mentalisierungsmodell die Perspektive um den Prozessaspekt (»Wie erlebt und denkt die Patientin oder der Patient in diesem Moment?«). Dabei stehen Annahmen über die Selbststruktur im Hintergrund. Eine Grundannahme der MBT ist, dass durch die spezifische Art des Vorgehens der Aufbau einer kohärenteren Selbststruktur gefördert wird, mit einer verbesserten Selbststeuerung und gelingenderen sozialen Beziehungen.

Der Prozessfokus bezieht sich auf die Förderung der Mentalisierung im Hier und Jetzt und der daraus abgeleiteten Behandlungstechnik. Der inhaltliche Fokus mit den interpersonalen, bewussten und unbewussten Konflikten und Beziehungsmustern greift auf die psychoanalytischen Objektbeziehungstheorien zurück.

Generelle Aspekte des *Prozessfokus* innerhalb der Therapiesitzung sind:

- die therapeutische Haltung des Nicht-Wissens,
- die Strukturierung der Stunde und
- der Fokus im Hier und Jetzt.

Aspekte der therapeutischen Interventionen im Hier und Jetzt umfassen:

- die Unterstützung reflexiver Prozesse,
- das Erkennen ineffektiven Mentalisierens und Unterbrechung nicht-mentalisierender Kreisläufe,
- das Fokussieren auf die Affekte im Narrativ sowie
- das Reflektieren der therapeutischen Beziehung.

Konkretisieren lässt sich das Vorgehen nach dem integrativen Modell anhand dreier Begriffspaare.

1. *Unbewusstes bewusstmachen versus mentalisierte Affektivität:* Auch das Mentalisierungskonzept geht von psychodynamisch-unbewussten Prozessen aus, die unser Denken, Wünschen und Handeln in unserer Entwicklung und im Hier und Jetzt beeinflussen. Diese unbewussten Prozesse werden entweder als noch nicht symbolisiert und mentalisiert oder als zuvor mentalisiert, dann aber abgewehrt verstanden. Zentrales therapeutisches Handlungsprinzip im Mentalisierungskonzept ist jedoch nicht die Deutung des Unbewussten, sondern die Verbesserung der Reflexionsfähigkeit als Teil des Selbst. Das Behandlungsziel ist damit die Förderung der mentalisierten Affektivität und der Aufbau einer kohärenten Selbststruktur.
2. *Deutung und Einsicht versus Standpunkt des Nicht-Wissens:* Den Standpunkt des Nicht-Wissens einzunehmen, ist der therapeutische Kontrapunkt zur Deutung. In einer Deutung teilt die Therapeutin dem Patienten empathisch etwas mit, was er noch nicht weiß (weil es unbewusst ist). Die Wirksamkeit von Deutungen konnte, wenn man die Ergebnisse der empirischen Psychotherapieforschung betrachtet, bisher selten belegt werden, insbesondere wenn man das Verständnis von Deutungen in der klassischen Psychoanalyse zugrunde legt, das die Aufdeckung unbewusster Zusammenhänge und früher Erfahrungen mit einer aktuellen Problematik meint. Interpretationen vor dem jeweiligen theoretischen Hintergrund gibt es allerdings in jeder Psychotherapie.

Vom Standpunkt des Nicht-Wissens aus gesehen, gilt es herauszufinden, was beide noch nicht wissen. Dieser Prozess fördert die Mentalisierungsfähigkeit und damit die Entwicklung des Selbst. Ein reiferes Selbst, das reflektierend über sich und Andere nachdenken kann, ist – so das Modell – kohärenter, kann unterschiedliche Aspekte besser integrieren, ist flexibler und eher in der Lage, zwischenmenschliche Beziehungen befriedigend zu gestalten sowie sich durch soziales Lernen weiterzuentwickeln.

Auch das integrative Mentalisierungsmodell kommt nicht ganz ohne Interpretationen aus, aber der Schwerpunkt liegt auf dem Standpunkt des Nicht-Wissens. Eine Deutung, die als Hypothese gekennzeichnet wird, und die sich vorzugsweise auf das Hier und Jetzt bezieht, kann mentalisierungsfördernd sein und Zusammenhänge für den Patienten oder die Patientin nachvollziehbar machen. Deutungen, in denen sich der Patient oder die Patientin in noch nicht sagbaren Anteilen wahrgenommen fühlt, fördern das Mentalisieren, wenn sie – beispielsweise im späteren Verlauf einer Behandlung – nicht als Realität (konkretistisch), sondern als mögliche Perspektive (Interpretation) wahrgenommen werden können. Gelingende Deutungen setzen damit eine relativ stabile Mentalisierungsfähigkeit voraus, sie können dann das epistemische Vertrauen und damit auch die therapeutische Beziehung stärken.

3. *Regression versus Strukturierung im Hier und Jetzt:* Ansätze, die sich in der klinischen Praxis auf die Behandlung von Patientinnen und Patienten mit strukturellen Einschränkungen beziehen, die in der Psychotherapieforschung gut untersucht sind und sich als erfolgreich erwiesen haben, sind gekennzeichnet durch eine hohe Strukturierung der Behandlung (da Strukturierung Sicherheit und Orientierung liefert) und eine Begrenzung der Regression. Dazu gehören die Behandlungen zur Borderline-Persönlichkeitsstörung, ebenso aber – wenn auch in geringerem Maße – die Behandlungen von schwer traumatisierten Patientinnen und Patienten (Storebø et al., 2020; Wampold, 2001).

Regression beschreibt in der psychoanalytischen Theorie den zeitweiligen Rückzug auf eine frühere Stufe der Persönlichkeitsentwicklung durch Labilisierung der Abwehr. Ein wesentliches Element der psychoanalytischen Therapie ist die Nutzung solcher regressiven Prozesse. Während in der tiefenpsychologisch fundierten Psychotherapie die Regression begrenzt bleiben soll, wird die Regression umso stärker gefördert, je mehr sie der »klassischen« Psychoanalyse näherkommt. Nun zeigen aber die Erfahrungen mit strukturell beeinträchtigten Patientinnen und Patienten eine ganz andere Dynamik als die Regression bei Patientinnen und Patienten mit einer stabilen Ich-Struktur. Während ein Patient mit einer stabilen inneren Struktur und einem hohen Funktionsniveau partiell und kontrolliert auf eine frühe Stufe seiner Entwicklung in einer Therapiestunde regredieren und die Regression am Ende einer Stunde wieder aufgelöst werden kann, wechselt eine strukturell beeinträchtigte Patientin häufig »unkontrolliert«, das heißt von außen gesehen spontan in regressive Zustände. Dies gehört zur Dynamik struktureller Störungen und ist Teil ihrer Pathologie. Die Unterschiede veranlassten möglicherweise Bion zu der Bemerkung: »Winnicott says patients need to regress, Melanie Klein says they must not regress. I say they are regressed« (Bion, zitiert nach Kenny, 2013, S. 35).

Der Umgang mit Regressionen in der Behandlung lässt sich in den auf dem Mentalisierungsansatz basierten Therapien an mehreren Aspekten festmachen: Zum einen gibt die stärkere Strukturierung mehr Sicherheit, zum anderen hilft die aktive Haltung der Therapeutin bzw. des Therapeuten bei der Regulierung des Arousals und schafft eine kooperativere Gestaltung des Arbeitsbündnisses im Vergleich zur klassischen Psychoanalyse. Für die therapeutische Haltung ist es zentral, der Patientin Sicherheit zu geben, unter anderem durch eine gewisse Transparenz des Therapeuten. Auch dies führt zu einer Beschränkung der Regression.

Der *inhaltliche Fokus* bezieht sich im Wesentlichen auf objektbeziehungstheoretische und relationale Modelle des Selbst und seine (affektiven) Beziehungen zu den (inneren) Objekten. Die Arbeit an inhaltlichen Themen in der Therapie (wie Konflikten, Träumen, Sexualität, Übertragung und Gegenübertragung) setzt jedoch eine stabile Mentalisierungsfähigkeit bereits voraus. In der Arbeit mit Träumen oder in der Reflexion der therapeutischen Beziehung (einschließlich der Übertragung und Gegenübertragung) ist es zum Beispiel wichtig, dass der Patient bzw. die Patientin zwischen Fantasie und Realität, zwischen verschiedenen Perspektiven des Erlebens unterscheiden kann. Patientinnen und Patienten mit strukturellen Beeinträchtigungen sind hier oft (oder phasenweise) in ihrer Mentalisierungsfähigkeit eingeschränkt und können weniger vom deutenden psychoanalytischen Vorgehen profitieren. Mitunter verläuft eine Psychotherapie auch phasenhaft: Während zunächst die Entwicklung einer relativ stabilen Mentalisierungsfähigkeit im Vordergrund steht (Prozessfokus), kann im Verlauf stärker auf die inhaltliche Beschäftigung mit Beziehungserleben, Konflikten und Abwehr fokussiert werden.

Target (2016) sowie Brockmann, Kirsch und Taubner (in ihrem Buch *Mentalisieren in der psychodynamischen und psychoanalytischen Psychotherapie* [2022]) zeigen, wie der Mentalisierungsansatz fruchtbar in psychodynamischen und psychoanalytischen Langzeittherapien angewendet werden kann. Am Beispiel einer psychoanalytischen Langzeitbehandlung zeigt Target (2016), wie zunächst prozessorientiert und mentalisierungsfördernd interveniert wird und dann, bei ausreichend stabilem Mentalisieren, stärker inhaltlich und deutend vorgegangen wird. Auch wenn dieses Vorgehen im Vergleich zur MBT nicht evidenzbasiert ist, so kann es transdiagnostisch bei unterschiedlichen Störungsbildern mit dem Ziel eingesetzt werden, reflexive Prozesse und eine »mentalisierte Affektivität« zu fördern, und veranschaulicht verschiedene Therapiephasen mit unterschiedlichen Schwerpunkten.

Blickt man zurück auf die in diesem Band erarbeiteten Modelle zur Entwicklung des Selbst, der Repräsentation und der Affektregulierung, so wird deutlich, dass

- Mentalisieren ein lebenslanger Prozess der Symbolisierung und Verarbeitung und für die psychische Gesundheit zentral ist;
- unabhängig von der Diagnose die Förderung der Mentalisierungsfähigkeit in der psychodynamischen oder psychoanalytischen Therapie nach dem hier vorgeschlagenen Modell indiziert ist;
- Patientinnen und Patienten, die strukturelle Einschränkungen haben bzw. an einer Persönlichkeitsstörung leiden, von MBT, aber auch von einem integrativen Vorgehen profitieren können (ebd.) – ein niedriges Strukturniveau scheint dabei mit Einschränkungen in der Mentalisierungsfähigkeit verbunden zu sein (Zettl et al., 2020);
- für Patientinnen und Patienten, die in Verbindung mit Mentalisierungsproblemen stehende Schwierigkeiten in der Affektregulation haben, eine Erweiterung der mentalisierten Affektivität zu einem psychischen Puffer zwischen Erleben und Handlung führen kann;
- unbewusste, erst symbolisierte, dann abgewehrte innere Konflikte die Mentalisierungsfähigkeit wie ein »blinder Fleck« einschränken können.

Mentalisieren in anderen Settings

Mentalisieren in der Kinder- und Jugendlichenpsychotherapie

Während es eine Fülle an entwicklungspsychologischer Literatur zu den ersten fünf Lebensjahren gibt, sind Veröffentlichungen zur mentalisierungsbasierten Psychotherapie mit Kindern relativ rar (Verheugt-Pleiter, Zevalkink & Schmeets, 2008; Zemke, 2013; Diez Grieser & Müller, 2018; Midgley, Sprecher & Sleed, 2021; Bateman et al., 2023). Die Ergebnisse einer Übersichtsarbeit von Midgley, Sprecher und Sleed (2021) zeigen jedoch, dass für die Arbeit mit sechs- bis zwölfjährigen Kindern bereits ein breites Spektrum an Interventionen entwickelt worden ist. Im Gegensatz zu Publikationen über MBT im Erwachsenenalter, die überwiegend störungsspezifisch formuliert sind, zielen im Kindesalter jedoch nur wenige Interventionen auf Kinder mit spezifischen Diagnosen wie Essstörungen, ADHS oder ASS ab.

Der Großteil der untersuchten Veröffentlichungen konzentriert sich auf Gruppen, die durch ihren gemeinsamen Kontext definiert sind (wie Kinder, die Misshandlung erfahren haben, Pflegekinder oder Adoptivkinder) oder einen transdiagnostischen Fokus haben (etwa Kinder mit externalisierenden Problemen). Die Behandlungen reichen von Einzeltherapie bis hin zu Interventionen auf Systemebene (etwa Familie oder Schule). Insbesondere wurde eine Reihe von mentalisierungsbasierten Interventionen für Kinder mit ihren Pflegefamilien oder Adoptiveltern entwickelt. Mehrere Interventionen zielten darauf ab, das Wohlbefinden dieser Kinder zu verbessern, indem sie nur mit den Eltern oder Betreuenden (wie Lehrerinnen und Lehrern oder Sozialarbeiterinnen und Sozialarbeitern) arbeiteten.

Leider berichtete nur ein Drittel der Arbeiten über irgendeine Art von Ergebnisevaluierung, und mehr als die Hälfte dieser Arbeiten war wiederum hinsichtlich der Qualität der Nachweise äußerst begrenzt. Eine Evidenz für mentalisierungsbasierte Interventionen bei sechs- bis zwölfjährigen Kindern und ihren Familien kann daher (noch) nicht abgeleitet werden; so schlussfolgern Midgley, Sprecher und Sleed (ebd.), dass dringend qualitativ hochwertige, kontrollierte Studien benötigt werden.

Stärker noch als in der Psychotherapie mit Jugendlichen oder Erwachsenen sind Sicherheitsaspekte und die Kooperation mit Eltern, Sozialpädagoginnen und Sozialpädagogen oder Lehrerinnen und Lehrern zu berücksichtigen. Kontakte zu Täterinnen und Tätern sowie traumatische oder latent bedrohliche Situationen sollten beendet werden, um größtmögliche Sicherheit herzustellen. Die Betreuungssituation sollte ausreichend gut sein, um Entwicklungsschritte zu ermöglichen. Die Erwachsenen rund um das Kind kooperieren im Interesse des Kindes. In unterschiedlichen Formen werden sie – unter Berücksichtigung der Schweigepflicht – einbezogen.

Neuere Ansätze zur Früherkennung und Therapie von Borderlinestörungen in der Adoleszenz (Hutsebaut & Aleva, 2020) beziehen das soziale Umfeld stärker mit ein. Neben Risikovariablen, welche die Prognose beeinflussen (wie Kindheitsbelastungen, Symptomprofil, aktueller sozialer Kontext) werden Eltern, Lehrerinnen und Lehrer sowie Sozialpädagoginnen und Sozialpädagogen stärker in die Früherkennung und (ambulante) Behandlung einbezogen (etwa im Sinne einer Psychoedukation).

Indikatoren für strukturelle Störungen im Kindes- und Jugendalter sind verzerrte mentale Repräsentanzen des Selbst und/oder der Anderen, eine fehlende Kohärenz der inneren Welt (»fremdes Selbst«), eine inadäquate Selbst-Objekt-Differenzierung sowie Schwierigkeiten, Wünsche und Intentionen Anderer wahrzunehmen (Zemke, 2013; Arbeitskreis OPD-KJ-2, 2020). Daraus folgen oft Störungen der Affekt- und Aufmerksamkeitsregulation, eine geringe Frustrationstoleranz und Impulskontrolle, ein geringes Selbstwertgefühl sowie Probleme mit sozialen Kontakten (Peers) und eine geringe Flexibilität im Denken (Verheugt-Pleiter, Zevalkink & Schmeets, 2008).

Für die Arbeit mit dem Kind und den Eltern ist es hilfreich, Informationen zu den innerfamiliären Beziehungen (etwa Beziehungsepisoden) zu erhalten und Hypothesen zu den Bindungsrepräsentanzen zu formulieren, ebenso zu den Mentalisierungsstärken des Kindes und der Familienmitglieder. Wichtig sind alle Bereiche, in denen die Mentalisierungsfähigkeit unterentwickelt ist oder rasch zusammenbricht. Maria Diez Grieser und Roland Müller (2018, S. 68f.) formulieren entlang des Modells von Psychotherapie als dreifaches Kommunikationssystem (siehe Kapitel »Psychotherapie als dreifaches Kommunikationssystem«) drei Stufen in der Kindertherapie:

1. Psychoedukation im Sinne des Lehrens und Lernens von Inhalten (zur Entstehung der Symptome, zur Bedeutung der Emotionen für Handlungen und Vieles mehr)
2. Förderung von stabilem Mentalisieren
3. Wiederauftauchen sozialen Lernens (etwa in Kontakten zu Freunden, zur Peergroup oder in anderen entwicklungsfördernden Kontakten)

Mentalisierendes Vorgehen in der Kindertherapie

Das Spiel steht in der Psychotherapie mit sechs- bis zwölfjährigen Kindern im Mittelpunkt. Spielen fördert die Entwicklung psychischer Strukturen (Schultz-Venrath, 2021) und gilt als eine wichtige Form sozialen Lernens. Ein Spiel ermöglicht, Gefühle und Beziehungserfahrungen darzustellen und zu verarbeiten, bietet Raum zum Experimentieren mit neuem Verhalten und neuen Lösungen, stimuliert Fantasie und Kreativität und fördert damit die Entwicklung der Mentalisierungsfähigkeit. In der Kindertherapie geht es um die Erfahrung eines zwischenmenschlichen Austausches, in dem das Kind lernen kann, sich selbst als psychisch Handelnden zu sehen und gleichzeitig einen Anderen oder eine Andere wahrzunehmen, der oder die ein Bild von ihm als psychische Einheit entwirft (Fonagy, 2008, S. XXI).

In Anlehnung an Verheugt-Pleiter, Zevalkink und Schmeets (2008, S. 108) formulieren Diez Grieser und Müller (2018, S. 174) eine Hausbaumetapher, die als Orientierungshilfe in der Therapie durch ihre Klarheit besticht. Die Kernthemen sind die Aufmerksamkeitsregulation (Fundament), die Affektregulation (Erdgeschoss), basales Mentalisieren (erstes Obergeschoss) sowie die

Selbst- und Beziehungsreflexion (Dachgeschoss) (ebd., S. 174; Gingelmaier & Kirsch, 2020, S. 85f.).

- *Fundament: Aufmerksamkeitsregulierung:* Zuerst ist es wichtig, einen Kontakt herzustellen und die Aufmerksamkeit zu gewinnen, zum Beispiel mit Blick auf das Interesse an dem, was das Kind beschäftigt. Damit wird versucht, die Perspektive des Kindes einzunehmen und die Bereitschaft zu Dialog und sozialem Lernen aufzubauen. Darauffolgend wird eine Struktur, ein Thema eingeführt, Verhalten und Erinnern werden benannt.

  »Das Scheitern der willentlich gerichteten Aufmerksamkeit scheint direkt verbunden zu sein mit instabilen Affekten […]. *Unangemessene Aufmerksamkeitskontrolle in Kombination mit Schwierigkeiten in der Affektregulation sind wahrscheinlich ausreichend, um direkt oder indirekt die individuelle Kompetenz zu untergraben, im interpersonalen Kontext adäquat zu agieren«* (Bateman & Fonagy, 2015, S. 8).

- *Erdgeschoss: Affektregulation und markierte Spiegelung:* Ist erst einmal die Aufmerksamkeit gewonnen, ist die nächste Aufgabe, die affektive (An-)Spannung wahrzunehmen, zu erkunden und bei ihrer Regulation zu helfen. Dabei kann versucht werden, sich vorsichtig, interessiert nach den Gefühlen des Kindes oder Jugendlichen zu erkundigen Auch wenn das Mädchen oder der Junge keine Antwort geben kann oder will, lenkt dies doch den Fokus der Aufmerksamkeit auf die beteiligten Gefühle. Zuverlässigkeit und klare Absprachen geben Sicherheit. Die Verstärkung positiver Gefühle und die Regulierung, manchmal auch Begrenzung und Deeskalation bei überflutenden Gefühlen (wie zum Beispiel Wut) dienen als Modell (außen) für die Regulierung (innen). Besonders bei schwer belasteten Kindern und Jugendlichen kann eine Fixierung im Äquivalenzmodus vorherrschen. Dann ist die Stimulation des Spiels und des Als-ob-Modus wichtig und dient als ein »Trainingsareal« für schwierige Gefühle. Ebenso hilft das Spiel bei der Differnzierung von Realität und Fantasie.

- *Erstes Obergeschoss: Basales Mentalisieren*: Einfaches Mentalisieren kann mit dem Benennen von Gefühlen bei

Spielfiguren oder Tieren beginnen. Ziel ist es, das Nachdenken über eigene Gefühle und Motive sowie Gefühle und Motive Anderer zu begünstigen. Unterschiedliche Perspektiven gewinnen ebenso an Bedeutung wie das Erleben und die Gefühle realer oder fantasierter Dritter (auch Spielfiguren).

- *Dachgeschoss: Mentalisieren von Beziehungen:* Ein umfassendes (biografisches) Narrativ wird jetzt möglich. Kommentare zur Beziehung im Hier und Jetzt ermöglichen die Arbeit an Selbst- und Beziehungsmustern. Diese reife Form des Mentalisierens wird häufig erst später im Therapieprozess erreicht und ermöglicht bei Kindern und Jugendlichen eine altersangemessene mentalisierte Affektivität.

Gespräche im Gegenübersitzen, eine mentalisierungsfördernde Haltung und die Interventionen bei Jugendlichen nähern sich bereits den Prozessen mentalisierungsfokussierter Psychotherapie Erwachsener. Aufbauend auf den vorherigen Stufen wird in Gesprächen stärker das Mentalisieren im Prozess gefördert, Affekte werden mit interpersonalen Ereignissen verknüpft und die therapeutische Haltung ist geprägt von Exploration, Neugier und einem Standpunkt des Nicht-Wissens (Kirsch, Brockmann & Taubner, 2016, S. 96).

Mentalisieren in Gruppen

»Gruppen sind wie ein Spiegelsaal, der die Möglichkeit zur multipersonalen Resonanz eröffnet. Psychotherapiegruppen bieten in diesem Sinne einen idealen Ort zum Mentalisieren« (Schultz-Venrath & Felsberger, 2016, S. 11). Geht man über die frühe dyadische Mutter-Kind-Beziehung hinaus, so findet unser gesamtes Leben überwiegend in Gruppen statt. Wichtige Gruppen- und Sozialisationserfahrungen sind die Kernfamilie, die Großfamilie, Schule, Nachbarschaft, Arbeitsteams oder Sportvereine. Sie bringen einerseits Zusammengehörigkeitsgefühl und viele verschiedene Perspektiven mit und helfen, die eigene Sichtweise zu relativieren. Andererseits können Gruppen auch Angst machen, kritisierend wirken, denn sie sind komplexe und oftmals nicht-berechenbare soziale Situationen.

Mentalisierungsfördernde therapeutische Gruppen versuchen, epistemisches Vertrauen und Veränderungsbereitschaft ebenso zu fördern wie den Gruppenzusammenhalt (Gruppenkohäsion). Sie geben Raum für kohärente eigene Narrative und erleichtern die Perspektivenübernahme. Ebenso soll die Fähigkeit geübt werden, die eigene Mentalisierungsfähigkeit auch in komplexen sozialen Situationen aufrechtzuerhalten (die Gruppe dient als Trainingsort fürs Mentalisieren) – dazu haben Fonagy, Campbell und Bateman (2017), Karterud (2015) sowie Schultz-Venrath und Felsberger (2016) einige Empfehlungen ausgearbeitet.

Fonagy, Campbell und Bateman (2017) konzipieren auch Gruppentherapie als dreifaches Kommunikationssystem:

1. Der Aufbau von Sicherheit und (epistemischem) Vertrauen soll die Kommunikation aller Teilnehmenden erleichtern, indem das Gruppenklima respektvoll, empathisch, »nichtwissend« und kooperativ gestaltet wird, und schließt die Rolle des Gruppenleiters oder der Gruppenleiterin mit ein. Eine Strukturierung der Gruppensitzung, zum Beispiel durch eine gemeinsame Auswahl des Themas und die Haltung der Gruppenleitung können die Anspannung (Arousal) regulieren helfen, damit eine möglichst angstfreie Kommunikation stattfindet.
2. Die zweite Ebene ist die Erprobung mentalisierender Narrative in der Gruppe. Im Vordergrund steht die Erzählung einzelner Teilnehmender mit der Schilderung von Schwierigkeiten in sozialen Interaktionen sowie den eigenen Motiven und Gefühlen. Alle Gruppenmitglieder werden einbezogen. Eine nicht-wissende Haltung mit Neugier und Interesse an Beziehungen und Motiven soll aufrechterhalten werden. Nicht-mentalisierende Dialoge oder Ratschläge werden unterbunden *(stop – rewind – explore)*. Die Perspektivenübernahme in der Gruppe soll gefördert und die Reflexion aufrechterhalten werden, ohne Ausagieren, Ratschläge oder Bewertungen.
3. Auf der dritten Ebene soll soziales Lernen gefördert werden. Der (geschützte) Rahmen der Gruppe, einschließlich der reflexiven Prozesse, ermöglicht neue Beziehungserfahrungen sowie eine größere Selbstkohärenz. Diese Erfahrungen können dann in anderen Beziehungen außerhalb der Gruppe verstetigt werden.

Mitunter treten typische Probleme in mentalisierungsfördernden Gruppen auf, zum Beispiel weisen konkurrierende Gespräche auf starke emotionale Reaktionen hin, die schwer zurückgehalten werden (können). Manchmal ist es auch schwierig, ein Nicht-Mentalisieren zu erkennen. Abwertende Kommentare, Stereotype, ausführliche Details oder eine mangelnde Perspektivenübernahme können auf einen Zusammenbruch der Mentalisierungsfähigkeit hinweisen. Prämentalisierende Modi zeigen sich etwa dadurch, dass jeder und jede von sich ohne Bezug auf Andere spricht. Unterschiede zwischen eigenen und anderen *states of mind* oder zwischen Affekt und Realität werden dabei nicht wahrgenommen.

Diese Schwierigkeiten im Gruppenprozess weisen darauf hin, wie wichtig die Arousal-Regulation ist, und wie schwierig es manchmal sein kann, Einzelne oder die Gruppe insgesamt »im Blick zu behalten« *(holding mind in mind)*. Gelingt es, reflexive Prozesse aufrechtzuerhalten, eröffnen sich neue Spielräume. Das Ziel ist auch hier die mentalisierte Affektivität (Fonagy et al., 2004). Sie ist die Verbindung von Affekt und Kognition und ermöglicht ein komplexes Verstehen des eigenen Affekterlebens: Die eigenen Affekte werden zum Gegenstand der Reflexion, während man sie in sich wahrnimmt.

Es bestehen jedoch einige Unterscheide zu psychodynamischen Gruppentherapien:

1. Unbewusste Prozesse werden nicht gedeutet, die Gruppenkultur und Gruppenleitung basiert auf empathischer Neugier anstatt auf einsichtsfördernden Hypothesen.
2. Der Therapeut oder die Therapeutin sind aktive Teilnehmende der Gruppe mit einer nicht-wissenden Haltung. Sie machen eigene mentale Prozesse explizit, transparent und nachvollziehbar. Damit erfolgt eine aktive Gestaltung des Gruppenprozesses, anstatt der Bewegung der Gruppe zu folgen. Erst in späteren Phasen der Gruppentherapie, wenn Mentalisieren von den Gruppenteilnehmerinnen und -teilnehmern relativ sicher angewendet wird oder in reiferen Gruppen zieht sich der Gruppenleiter oder die Gruppenleiterin eher zurück, vertraut der Gruppe und übernimmt eine kommentierende Rolle wie in psychodynamischen Gruppentherapien (Karterud et al., 2024).

Seit Anfang der 2000er Jahre werden Gruppentherapien in der MBT systematisch eingesetzt (ebd.). Im MBT-Ansatz schlagen Bateman und Fonagy (2016) folgende Behandlungsstruktur für eine etwa einjährige Behandlungsdauer vor: Aufbauend auf einer differenzierten Diagnostik, Fallformulierung und Behandlungsvereinbarung wird im Rahmen von MBT-I *(Introduction)* ein rund vierwöchiger Informations- und Einführungskurs der Gruppe vorangestellt. Psychoedukation, Patienteninformationen über Störungsbilder und die Behandlung werden vor der (stationären) Behandlung oder zumindest gleich zu Beginn angeboten. Daran anknüpfend wird eine wöchentliche MBT-Einzeltherapie mit einer Gruppentherapie (MBT-G) kombiniert.

Kritik an der MBT-G bezieht sich auf die stärkere theoretische Ausarbeitung individueller Mentalisierungsfähigkeiten und ihren Bezug auf dyadische Therapiesituationen, während das dialektische Verhältnis von Individuum und Gruppe oder unbewusste und gruppendynamische Prozesse in der Gruppe weniger gut ausgearbeitet sind. Karterud, Kolleginnen und Kollegen (2024) fordern daher eine engere Zusammenarbeit zwischen psychodynamischen Gruppentherapeutinnen und MBT-G-Therapeuten.

Psychosomatik: Der Körper im Mentalisierungsmodell

»Obwohl der Körper im Mentalisierungsbegriff selbst nicht aufscheint, ist Mentalisieren keinesfalls ›nur‹ ein mentaler Prozess« (Schultz-Venrath, 2021, S. 52). Zunächst stand die Beschäftigung mit *mental states*, also geistigen oder psychischen inneren Zuständen, im Mittelpunkt des Mentalisierungsmodells. Obwohl der frühe affektive Austausch zwischen Bezugsperson und Kind oder die reifende Selbststeuerung bereits auf die Bedeutung des Körpers hinweisen (Fonagy et al., 1991; Fonagy, 2003; Köhler, 2004), findet erst in den letzten Jahren eine intensivere Diskussion über psycho-physische Voraussetzungen des Mentalisierens statt. Ohne Körper kann nicht mentalisiert werden. Die Fähigkeit zu mentalisieren wird daher als das Ergebnis erfolgreicher Regulierungsprozesse früher Körper- und Affekterfahrungen gesehen. »Die Embodyment-Theorie besagt, dass Denken nicht nur Angelegenheit des Gehirns ist, nicht nur im Kopf geschieht, sondern der ganze Körper daran beteiligt ist« (Buchholz, 2013, S. 119).

Angestoßen durch Erkenntnisse aus den Neurowissenschaften (Debbané & Nolte, 2019; Strauß & Nolte, 2020), der Stressforschung (Feneberg & Nater, 2020) und der Psychosomatischen Medizin (Egle et al., 2020; Schultz-Venrath, 2021) werden lebensgeschichtliche, biologische und pathophysiologische Prozesse mehr und mehr in das Verständnis der Entstehung der Mentalisierungsfähigkeit und der Wechselwirkungen mit körperlichen Prozessen einbezogen.

Im Versuch, diese Komplexität psychischer, biologischer und sozialer Wechselwirkungen zu strukturieren, kann man eine entwicklungspsychologisch-psychoanalytische von einer physiologischen Perspektive unterscheiden. Anknüpfend an psychoanalytische Modelle und Max Schurs (1955) Modell der Desomatisierung und Resomatisierung von Affekten ist die Rolle von Selbstentwicklung und Affektregulierung am deutlichsten ausgearbeitet.

Embodied mentalizing *und die Entwicklung des Selbst*

Der Kern des Selbst ist nonverbal und unbewusst sowie eingebettet in die Matrix der Affektregulation (Stern, 1985). Der Körper als Ort und Quelle von Affekten, Bedürfnissen, Trieben und Wünschen ist Resonanzraum eines entstehenden Selbst. Der Ursprung dieses psychischen »Binnen-Raumes« (also des Selbst) sind früheste körperliche Empfindungen und Affekte. Diese werden zunächst als Ganzkörperempfindungen erlebt und erst im Verlauf der Selbstentwicklung als psychische Qualitäten wahrgenommen. Schur (1955) beschreibt dies als Desomatisierung von Affekten. Unter Stress, Belastungen oder bei Konflikten kommt es zu einer regressiven Resomatisierung.

Die ersten Erfahrungen des Säuglings sind körperlich und zeigen sich als sensomotorische Erregungen von innen (etwa Hunger) oder außen (Wärme oder Hautkontakt). Säuglinge erleben in den ersten Lebensmonaten verschiedene physiologische Verfassungen, sogenannte *states* (beispielsweise einen inaktiven oder aktiven Wachzustand); diese werden überwiegend interaktiv zusammen mit der Bezugsperson reguliert. Auch die Kommunikation zwischen Bezugsperson und Kind findet zunächst als ein körperlich-seelisches Geschehen statt, bei dem Mimik, Gestik, Berührungen und Vieles mehr wechselseitigen Abstimmungs- und Regulierungsvorgänge dienen (Mertens, 2012). Physiologische Rhythmen (zum Beispiel Schlaf-Wachrhythmus, Körpertemperatur, Blutzucker und Cortisolspiegel), die vorher *in utero* von der Mutter reguliert wurden, müssen in eine eigene Ordnung gebracht werden. Die Anwesenheit der Mutter reguliert diese Rhythmen von außen ein Stück weit weiter, etwa durch Streicheln und Körperkontakt. Erst wenn sich durch diese wiederholten Abstimmungsprozesse mit der Bezugsperson kortikale Regulationsmuster gebildet haben, kann der Säugling diese Rhythmen zunehmend selbst steuern. Die interaktive Regulation beeinflusst das erfahrungsabhängige Wachstum der rechten Hemisphäre, die dicht mit den Erregungszentren sowie dem limbischen System und dem autonomen Nervensystem vernetzt ist (Köhler, 2003).

Im Kontext der frühen Entwicklung sind *Intentionalität, Affektabstimmung* und *Kontingenzentwicklung* von besonderer Bedeutung für die Repräsentanz des Körpers in der Entwicklung des Selbst. Die Art und Weise, ob und wie sich in den ersten Wochen synchrone Interaktionen zwischen Bezugsperson und Säugling ereignen, scheint für die Entwicklung erster (basaler) Repräsentanzen und Strukturen und damit für die Entwicklung der Mentalisierungsfähigkeit entscheidend zu sein.

Das Konzept des *embodied mentalizing* (»verkörperlichtes Mentalisieren«) schafft eine Verbindung zwischen neurowissenschaftlicher Forschung und klinischer Anwendung. Es meint jene Prozesse, die erforderlich sind, um körperliche Signale zu erkennen, zu identifizieren und zu regulieren. *Embodied mentalizing* meint die Fähigkeit, über die eigenen körperlichen Erfahrungen und Empfindungen und deren Zusammenhang mit mentalen Zuständen (also Emotionen, Wünsche oder Gefühle) bei sich selbst und bei Anderen zu reflektieren (Debbané & Nolte, 2019).

Elterliches Mentalisieren des Kindes ist zunächst »verkörpert« *(embodied)*, non-verbal und implizit (Strauß & Nolte, 2020). Mentalisieren basiert daher auf den vom Körper ausgesendeten Signalen, welche zusammengeführt werden, um Erwartungen, also Voraussagen zukünftiger Ereignisse zu treffen. Dies unterscheidet *embodied mentalizing* von eher statischen Modellen wie dem Körperschema oder Körperbild – und ist vielmehr als dynamisches Modell der Hypothesengenerierung zu verstehen (Debbané & Nolte, 2019, S. 29).

Nach heutigem Erkenntnisstand (Mertens, 2012; Schultz-Venrath, 2021) entstehen psychische Symptome und psychosomatische Krankheitsbilder wahrscheinlich früher, nicht erst als Kompromissbildungen im Rahmen symbolisierter (und abgewehrter) Konflikte, sondern als Folge missglückter Prozesse im Aushandeln intentionaler Willensbekundungen, missglückten oder seltenen Momenten geteilter Aufmerksamkeit und verzerrter oder ausbleibender Affektabstimmung in der Beziehung zwischen Kind und sozialer Umwelt, die überwiegend im impliziten Gedächtnis kodiert sind. Ohnmacht und Gefühle, nichts bewirken zu können, gestörte zwischenmenschliche Interaktionen sowie Veränderungen der Körperwahrnehmung können die Folgen sein. Körpernahe Störungen wie funktionelle Körperbeschwerden, chronische Schmerzstörungen oder somatoforme Belastungsstörungen als Stressregulationsstörungen weisen auf Anpassungsversuche nach frühen (nicht-symbolisierten und nicht-mentalisierten) Traumatisierungen hin. Luyten und Fonagy (2019) sowie Schultz-Venrath (2021) sehen eine gemeinsame Schnittmenge dieser körpernahen Störungen in der Dysregulation von Affekten (*»verkörperter Schrecken«*, ebd., S. 129) und verstehen Trauma als transdiagnostische Affektregulationsstörung. Dabei spielen prädisponierende Faktoren (Kindheitsbelastungen), auslösende Faktoren (akute Belastungen) sowie eine Einschränkung der Mentalisierungsfähigkeit (oft prämentalisierende Modi) eine bedeutsame Rolle. Auch Alexithymie und *pensée opératoire* (konkretistisches Denken) sind eng mit Somatisierung verbunden und gehen mit eingeschränkter Mentalisierung einher. Der Mentalisierungsansatz kann hier die Erkenntnisse aus verschiedenen Disziplinen zu einem kohärenten Bild integrieren, insbesondere hinsichtlich Diagnostik und Behandlungsindikation.

Diez Grieser und Müller (2018) sowie Schultz-Venrath (2021) führen zum besseren Verständnis körpernaher Phänomene und Störungen einen Körper-Modus *(body mode)* neu in die Diskussion ein. Ausgehend von entwicklungspsychologischen Fragestellungen gehen sie davon aus, dass Körper und Psyche bis zum neunten Lebensmonat vom Säugling noch nicht getrennt erlebt werden. Der Säugling erlebt mentale Zustände zunächst als physiologisch-körperliche Sensationen und äußert diese unmittelbar und automatisch. Die fehlende Differenzierung zwischen Körper und Psyche findet sich zum Beispiel bei motorischer Unruhe, beim Daumenlutschen, beim Sich-selbst-Streicheln, bei Rumination sowie bei Essstörungen, Nägelkauen oder Nagelbettkauen. Der Körper-Modus wird als Teil der non-verbalen, primär unbewussten Interaktion beschrieben und als solcher vom Patienten oder von der Patientin erlebt. Obwohl der Körper-Modus als frühester prämentalisierender Modus und als eigenständiger Erlebens- und Verhaltensmodus konzipiert wird, kann er Überschneidungen mit anderen prämentalisierenden Modi aufweisen, zum Beispiel mit dem teleologischen Modus, dem Äquivalenz- oder dem Als-ob-Modus.

Vor diesem Hintergrund bezieht die psychosomatische Medizin seit jeher einerseits Therapieformen mit ein, die Affektwahrnehmung und Symbolisierungsprozesse fördern sollen, etwa Gestaltungstherapie und Musiktherapie, andererseits solche, die den Körper stärker einbeziehen, wie Körpertherapie, Focusing (Gendlin, 2004) oder Konzentrative Bewegungstherapie (Schmidt, 2018). Ein weiterer, dem Mentalisierungsansatz nahestehender und neuerer Ansatz ist die »Sensorimotor Psychotherapy« (Ogden & Fisher, 2015; Ogden, 2021). Mithilfe einer »fokussierten Achtsamkeit«, die sich insbesondere auf den Körper bezieht, wird in einem »Fenster«, in dem Affekte und Kognitionen noch mentalisiert werden können, erforscht, wie Körperreaktionen mit früheren Ereignissen in Verbindungen stehen.

Weitere Anwendungsfelder

Der Mentalisierungsansatz erhebt den Anspruch, Schlüsselkompetenzen für seelische Gesundheit und Resilienz zu formulieren, argumentiert entwicklungsfördernd und transdiagnostisch. In diesem Sinne unterstützten Bateman und Fonagy (2007) schon früh die Einbeziehung verschiedener Gesundheitsberufe (etwa im Bereich von Sozialpädagogik und Krankenpflege) in der Anwendung mentalisierungsfördernder Interventionen, inner- und außerhalb klinischer Settings. Spätestens jedoch mit der Einführung der Konzepte epistemischen Vertrauens und sozialen Lernens (Fonagy, Luyten & Allison, 2015) ist der Mentalisierungsansatz auch in pädagogischen Handlungsfeldern interessiert aufgegriffen worden (Kirsch, 2014; Kirsch, Nolte & Gingelmaier, 2022; Gingelmaier, Taubner & Ramberg, 2018; Gingelmaier & Kirsch, 2020; Schwarzer & Gingelmaier, 2020; Behringer, 2021).

Der Arbeitskreis um Peter Fonagy (Fonagy, Luyten & Allison, 2015) entwickelte mit dem Mentalisierungskonzept eine moderne anthropologische Perspektive und unterstützte darin die Annahme, das Bedürfnis nach Kommunikation sei zweifelsfrei der »Trieb«, der die Weitergabe von Wissen und Kultur befördere. Die Aufgaben einer intergenerationalen, kulturellen Wissensvermittlung erfordert daher Mentalisieren und epistemisches Vertrauen (Gergely & Csibra, 2005, 2006). Dies verbindet das Modell mit zentralen pädagogischen Zielen und Ideen.

Pädagogik

Pädagogische Handlungsfelder, wie etwa Schule, Kindertagesstätte oder Kinder- und Jugendhilfe, unterscheiden sich von therapeutischen Kontexten unter anderem durch die Aufgabenstellung der Entwicklungsförderung und die Vermittlung von Wissen (im Sinne eines Bildungsauftrags). Hier stehen (soziale) Lernprozesse im Fokus, die Lernvoraussetzungen (etwa Aufmerksamkeitsregulierung oder Lernmotivation) und pädagogische Beziehungen einschließen. Pädagogische Beziehungen dienen sowohl als Vermittler von Wissen und Kompetenzen als auch der Unterstützung in der Emotionsregulierung. Eine Förderung des Mentalisierens steht daher nicht im Zentrum der Intervention, anders als zum Beispiel in einer MBT-Therapiesitzung, sondern geschieht im Alltagshandeln, in einer Schulklasse, im Mathe-Unterricht (Turner, 2018) oder während einer Diskussionsrunde in einer stationären Einrichtung (Wiggeshoff & Junker, 2020).

Das Mentalisierungskonzept hat sich hier als fruchtbares Modell erwiesen, um auf Kind- und auf Fachkraftebene für bindungs- und bildungsrelevante Schlüsselsituationen zu sensibilisieren. So ist anzunehmen, dass robuste Mentalisierungsfähigkeiten aufseiten der Fachkraft unmittelbaren Einfluss auf die Gestaltung pädagogischer Alltagsbegegnungen ausüben, indem zum Beispiel stressintensive Ereignisse (wie im Rahmen der Eingewöhnung) für Fachkräfte reflexiv zugänglich sind und in der Folge angemessene mentalisierende Reaktionen auf die Äußerungen des Kindes ermöglichen (Denker, 2012; Klein, Armendinger & Kirsch, 2013).

Kinder und Jugendliche mit Einschränkungen der Mentalisierungsfähigkeit geraten leichter in emotionalen Stress. Sie haben oft eine geringere Aufmerksamkeitsspanne und zeigen häufiger herausforderndes Verhalten in sozialen Situationen wie der Schule, innerhalb der Familie oder gegenüber Gleichaltrigen. Dieses Verhalten besser zu verstehen und Stress besser regulieren zu können, ist eine Voraussetzung für soziales Lernen.

Unter intensiven sozialkommunikativen Arbeitsbedingungen und Stress (etwa in großen Schulklassen oder bei intensiver Lautstärke) kann erwartet werden, dass sich mentalisierungshemmende Interaktionen zwischen Fachkräften und den Kindern und Jugendlichen rasch manifestieren, sofern die alltäglichen Stresssituationen nicht aktiv reflektiert und verarbeitet werden können. Die Folgen können weitreichend sein: Abbrüche, Exklusion und unreflektierte bzw. ausagierende Reaktionen. Dies wiederum ähnelt Mustern, die Kindern und Jugendlichen in der Inobhutnahme oder der stationären Kinder- und Jugendhilfe wohlbekannt sind, die sie in ihrem früheren oftmals traumatischen Beziehungserleben erfahren haben und sie in ihren Reaktionen bestärken.

Gelingende Mentalisierungsprozesse aufseiten der Fachkräfte ermöglichen dabei, die interpersonelle Reziprozität von herausfordernden Interaktionsverläufen zu erkennen und den jungen Menschen die Erfahrung anzubieten, dass sie mentalisiert werden und ihr Verhalten für Andere und auch für sie selbst verstehbar sein kann (Behringer, 2021).

Soziale Arbeit

Die Problemstellungen Sozialer Arbeit unterscheiden sich wiederum von Aufgaben in anderen pädagogischen Feldern wie Kindertagesstätte oder Schule. Gegenstand Sozialer Arbeit sind Entstehungsprozesse sozialer Ausschließung, Diskriminierung oder Stigmatisierung und deren soziale, gesundheitliche und psychische Auswirkungen. Daher sind epistemisches Misstrauen einerseits, Krisenmanagement oder Sprachlosigkeit andererseits weit verbreitet. Erst durch die Förderung epistemischen Vertrauens, so die Annahme des Mentalisierungskonzepts, können schwer erreichbare Bevölkerungsgruppen angesprochen werden. Dies setzt die Bereitstellung von Ressourcen (zur Stressentlastung), und die Förderung von Bewältigungsstrategien und Perspektivenübernahme (etwa die Annahme eines guten Grundes für das jeweilige Verhalten) voraus und kann Empowerment, Selbstbestimmung und Teilhabe ermöglichen. Das Ergebnis solcher Prozesse, sich selbst und Andere mentalisierend zu verstehen, hat dabei wesentliche gesundheitsfördernde, salutogenetische und resilienzfördernde Aspekte (Schwarzer, 2019; Lenz, 2021).

Supervision, Arbeit in Teams und Fallarbeit

Eine mentalisierungsorientierte Supervision von Psychotherapie soll helfen, die Mentalisierungsfähigkeit des Therapeuten oder der Therapeutin zu unterstützen. Dabei wird ein besonderer Wert auf Video- oder Audioaufzeichnungen gelegt, da so der Prozess innerhalb einer Sitzung besser abgebildet werden kann und (auch kleine) Zusammenbrüche der Mentalisierungsfähigkeit von Patientin oder Therapeutin analysiert werden können. Bereits Videoaufnahmen von nur zehn Minuten sind lehrreich und eine einfache und wirksame Form des Feedbacks. Supervision mithilfe einer Schilderung des Therapeuten oder der Therapeutin allein hilft zwar, das Gegenübertragungserleben oder Übertragungsaspekte zu reflektieren, aber der Prozesscharakter und Mikroprozesse (beispielsweise Zusammenbrüche des Mentalisierens) einer Therapiesitzung sind besser in einer Videosequenz zu erkennen. Um zu erkennen, ob eine Therapiesequenz dem Modell der MBT folgt, ist es in der Supervision hilfreich, die Interventionen mithilfe der MBT Adherence and Competence Scale (Bateman & Fonagy, 2020) einzuschätzen. Sharp und Bevington (2022) schlagen ein vierphasiges Modell der Supervision vor.

1. Formulierung der Aufgabe
2. Fall- oder Problemverstehen
3. Mentalisierung im Hier und Jetzt der Supervision
4. Rückblick auf die gestellte Aufgabe

Mehrere Publikationen (Gingelmaier & Schwarzer, 2019; Behringer, 2021) unterstreichen die Rolle der Mentalisierungsförderung in Teams sowie in der Supervision und Fallarbeit in pädagogischen und sozialpädagogischen Arbeitsfeldern. Behringer (2021) konnte in ihrer Untersuchung Bedingungsfaktoren für gelingendes und für scheiterndes Mentalisieren in Team-Supervisionen herausarbeiten. So fördert die Mentalisierung eigener Motive und Emotionen einen mentalisierenden Prozess eher als die Mentalisierung Anderer. Gelingendes Mentalisieren (etwa in Form der Selbstenthüllung) wirkt positiv auf das Anregen des Zurückkehrens zu gelingendem Mentalisieren. Affektiv »schwierige« Themen (etwa Abschiede) bedürfen einer gezielten und aktiven Moderation mit mentalisierungsanregenden Fragen.

Ausblick

Unser vorliegendes Buch stellt die Mentalisierungstheorie und ihre Anwendungen in einen breiten, wissenschaftlich fundierten Kontext. Es ist reizvoll – und die Mentalisierungstheorie lädt dazu ein –, einen (vielleicht zu) großen Bogen von der evolutionären Anthropologie (Tomasello) und sozialphilosophischen Betrachtungen (Honneth) über die Psychoanalyse und Entwicklungspsychologie bis hin zu epistemischem Vertrauen, pädagogischen, sozialpsychologischen und gesellschaftskritischen Aspekten des Zusammenlebens zu spannen. Dabei sehen wir eine Schwierigkeit, sich auf eine Auswahl an Grundlagen, Theorien und Anwendungen zu begrenzen. Eine Begrenzung kann eine gute Lehrmeisterin sein (indem Wichtiges von Nebensächlichem unterschieden werden muss), drückt aber auch die Ambivalenz der Autoren aus und bleibt notwendigerweise willkürlich.

Auch besteht die Gefahr einer Verallgemeinerung: Zwar mentalisieren wir alle mehr oder weniger gut, aber diese Beobachtung allein stellt eine zu unspezifische Form der Alltagspsychologie dar. Wir müssen präziser sagen können, was wir unter gelingendem Mentalisieren in einer Situation verstehen und wie Interventionen den Weg dorthin aufzeigen können. Wir müssen angeben können, welche Kriterien wir anlegen, um effektives von ineffektivem Mentalisieren zu unterscheiden. Dazu dient der breite theoretische Diskurs genauso wie der Bezug auf klinische Erfahrungen bis hin zur Evidenzbasierung von Therapiestudien. Der Bezug zur Mentalisierungsbasierten Therapie (MBT) ist hier Orientierung, aber auch Einengung. Manche Psychoanalytikerinnen und -analytiker stellen die Frage, ob sich MBT nicht zu weit von den psychoanalytischen Grundlagen und Konzepten entfernt hat. Unsere Antwort und Intention ist es, das Spannungsfeld zwischen MBT und Psychotherapieforschung auf der einen Seite und einem den klassischen Erkenntnismethoden verpflichteten konzeptuellen und psychoanalytischen Blickwinkel auf der anderen Seite aufrechtzuerhalten.

Ein weiterer Aspekt betrifft die Aus- und Weiterbildung vor allem in psychodynamischen Verfahren und teilweise auch in Mentalisierungsbasierter Therapie, die einen Mangel an konkreten Operationalisierungen der zentralen Inhalte aufweisen (Sharp et al., 2020; Taubner & Sharp, 2023). Dies erschwert die Vermittlung und führt zu großer Unsicherheit in der Anwendung der Verfahren vor allem bei Novizinnen und Novizen. Dabei ist die Operationalisierung therapeutischer Kompetenzen (wie Haltung, Strukturierung der Behandlung oder Interventionen) in der MBT zwar weiter fortgeschritten als in den psychodynamischen Verfahren, gilt jedoch als entwicklungsfähig (ebd.).

Aufgrund der Entwicklung der Mentalisierungsfähigkeit im Kontext bedeutsamer Beziehungen geht die Arbeitsgruppe um Carla Sharp (2020) davon aus, dass Wissensvermittlung, also Versuche, Mentalisieren explizit zu unterrichten, nicht ausreichen. Sie schlagen vor, an Mustern der sozialen Kommunikation anzusetzen, die Vertrauen fördern, um implizites Mentalisieren anzuregen (mentalisieren *from inside out*). Im Gegensatz zum eher instruktiven, interpretativen oder auf Fertigkeiten basierenden Lernen beinhaltet implizites Lernen die Verinnerlichung eines prozeduralen Schemas für die Reflexion verschiedener Lebenssituationen. Damit wird in der Konzeption von Veränderungsprozessen ein Übergang vom Inhalt *(was)* zum Prozess *(wie)* vollzogen. Eine stärker prozedural verankerte Perspektive fördert die Fähigkeit, eigene Lösungen entdecken zu können, steht aber in Ausbildungskontexten noch am Anfang (Taubner & Sharp, 2023).

Das Interesse am Mentalisierungsansatz ist in den letzten Jahren stark angestiegen und steht wahrscheinlich im Zusammenhang mit einem psychosozialen Wandel der westlichen Gesellschaften. Dieser Wandel stellt erhöhte Anforderungen an die Reflexionsfähigkeit der Individuen und verunsichert. Er entwertet früher unhinterfragte Traditionen und führt zur Auflösung einst verbindlicher Normen der Lebenswelten. Eine größere Autonomie stellt höhere Anforderungen an die emotionale Selbstregulierung. Auch die Anforderungen an Kinder in der Entwicklung reflexiver Fähigkeiten sowie emotionaler und sozialer

Kompetenzen hat sich erhöht (Bengel, Meidners-Lücking & Rottmann, 2009). Dies führt zu einer Veränderung der Beziehung des oder der Einzelnen zu sich selbst und zu den Mitmenschen. Nicht mehr rigide Auffassungen von Sexualität wie zu Zeiten Freuds, sondern Identitätsunsicherheiten sind das »seelische Hauptproblem« unserer Zeit (Altmeyer & Thomä, 2016, S. 25). Versteht man den Mentalisierungsansatz als Antwort auf die erhöhten Reflexionsanforderungen sowie auf eine »Demokratisierung« zwischenmenschlicher Beziehungen, in der autoritäre Machtdynamiken abgebaut werden, etwa in den Familien, zwischen den Geschlechtern oder in der Kindererziehung (Dornes, 2012), dann setzt der Mentalisierungsansatz an einem Schlüsselproblem des Individuums an, indem er die intrapsychische Verarbeitung (die Repräsentation und Entwicklung des Selbst) mit der familiären (Bindung, Sozialisation) und der sozialen Welt (epistemisches Vertrauen und soziales Lernen) verknüpft. Wenn hierarchische Machtgefälle, Zwang oder Unterordnung abgebaut werden und Kooperation oder Konkurrenz, Aushandlungen und Kompromissbildungen in den Vordergrund rücken, dann wächst die Notwendigkeit, effektiv zu mentalisieren. In diesem Sinne hoffen wir auch, dass Reflexion, Diplomatie und Mentalisieren den Einsatz von Gewalt, Krieg und Zerstörung begrenzen helfen.

Literatur

Ainsworth, M. D. S., Blehar, M. C., Waters, E. & Wall, S. (1978). *Patterns of Attachment. A Psychological Study of the Strange Solution.* Erlbaum.

Aival-Naveh, E., Rothschild-Yakar, L. & Kurman, J. (2019). Keeping culture in mind: A systematic review and initial conceptualization of mentalizing from a cross-cultural perspective. *Clinical Psychology: Science and Practice, 26*(4), e12300.

Allen, J. G. (2022). *Trusting in Psychotherapy.* American Psychiatric Association Publishing.

Allen, J.G & Fonagy, P. (Hrsg.). (2009). *Mentalisierungsgestützte Therapie. Das MBT-Handbuch – Konzepte und Praxis.* Klett-Cotta.

Allen, J. G., Fonagy, P. & Bateman, A. W. (2011). *Mentalisieren in der psychotherapeutischen Praxis.* Klett-Cotta.

Altmeyer, M. (2011). Soziales Netzwerk Psyche. Versuch einer Standortbestimmung der modernen Psychoanalyse. *Forum der Psychoanalyse, 27*(2), 107–127.

Altmeyer, M. & Thomä, H. (Hrsg.). (2016). *Die vernetzte Seele. Die intersubjektive Wende der Psychoanalyse.* Klett-Cotta.

Arbeitskreis OPD (2006). *OPD-2. Operationalisierte Psychodynamische Diagnostik. Das Manual für Diagnostik und Therapieplanung.* Hans Huber.

Arbeitskreis OPD-KJ-2 (2020). *OPD-KJ-2. Operationalisierte Psychodynamische Diagnostik im Kindes- und Jugendalter. Grundlagen und Manual.* Hogrefe.

Asen, E. & Fonagy, P. (2012). Mentalization Based Family Therapy. In A. W. Bateman & P. Fonagy (Hrsg.), *Handbook of Mentalizing in Mental Health Practice* (S. 107–128). American Psychiatric Association Publishing.

Ballespí, S., Vives, J., Alonso, N., Sharp, C., Ramírez, M. S., Fonagy, P. & Barrantes-Vidal, N. (2019). To know or not to know? Mentalization as protection from somatic complaints. *PLOS ONE, 14*(5), e0215308. https://doi.org/10.1371/journal.pone.0215308

Baraitser, L. (2023). Epistemisches Vertrauen als psychosoziales Konzept. In P. Fonagy & T. Nolte (Hrsg.), *Epistemisches Vertrauen. Vom Konzept zur Anwendung* (S. 114–140). Klett-Cotta.

Bateman, A. W. (2018). Geleitwort. In S. Euler & M. Walter (Hrsg.), *Mentalisierungsbasierte Psychotherapie* (S. 7–10). Kohlhammer.

Bateman, A.W., Campbell, C. & Fonagy, P. (2021). Rupture and Repair in Mentalization-Based Group Psychotherapy. *International Journal of Group Psychotherapy, 71*(6), 1–22.

Bateman, A.W. & Fonagy, P. (1999). Effectiveness of partial hospitalization in the treatment of borderline personality disorder. A randomized controlled trial. *American Journal of Psychiatry, 156*(10), 1563–1569.

Bateman, A.W. & Fonagy, P. (2007). *Psychotherapie der Borderline-Persönlichkeitsstörung. Ein mentalisierungsgestütztes Behandlungskonzept.* Psychosozial-Verlag.

Bateman, A.W. & Fonagy, P. (2015). *Handbuch Mentalisieren.* Psychosozial-Verlag.

Bateman, A.W. & Fonagy, P. (2016). *Mentalization-Based Treatment for Personality Disorders. A Practical Guide.* Oxford University Press.

Bateman, A.W. & Fonagy, P. (2020). *MBT Adherence and Competence Scale.* https://d1uw1dikibnh8j.cloudfront.net/media/14278/adherence-scale-august-2020.pdf

Bateman, A.W., Fonagy, P., Campbell, C. & Debbané, M. (2023). Working with children. In A.W. Bateman, P. Fonagy, C. Campbell, P. Luyten & M. Debbané (Hrsg.), *Cambridge guide to mentalization-based treatment (MBT)* (S. 319–327). Cambridge University Press.

Behringer, N. (2021). *Mentalisieren in der Heimerziehung. Eine qualitative Untersuchung zu reflexiven Prozessen bei pädagogischen Fachkräften.* Springer VS. https://doi.org/10.1007/978-3-658-355584-5

Benecke, C. & Brauner, F. (2017). *Motivation und Emotion. Psychologische und psychoanalytische Perspektiven.* Kohlhammer.

Bengel, J., Meinders-Lücking, F. & Rottmann, N. (2009). *Schutzfaktoren bei Kindern und Jugendlichen – Stand der Forschung zu psychosozialen Schutzfaktoren für Gesundheit.* Bundeszentrale für gesundheitliche Aufklärung (BZgA). https://shop.bzga.de/pdf/60635000.pdf

Benjamin, J. (2009). Response. *The International Journal of Psychoanalysis, 90*(3), 457–462. https://doi.org/10.1111/j.1745-8315.2009.00165.x

Bion, W.R. (1962). *Learning from Experience.* Karnac.

Bleiberg, E., Rossouw, T. & Fonagy, P. (2012). Adolescent Breakdown and Emerging Borderline Personality Disorder. In A.W. Bateman & P. Fonagy (Hrsg.), *Handbook of Mentalizing in Mental Health Practice* (S. 463–510). American Psychiatric Association Publishing.

Bohart, A. & Wade, A. (2013). The Client in Psychotherapy. In M. Lambert (Hrsg.), *Bergin and Garfield's Handbook of Psychotherapy and Behavior Change* (S. 219–257). John Wiley & Sons.

Bohus, M. (2002). *Borderline-Störung.* Hogrefe.

Bordin, E. (1979). The generalizability of the psychoanalytic concept of the working alliance. *Psychotherapy: Theory, Research & Practice, 16*(3), 252–260.

Borelli, J.L., Brugnera, A., Zarbo, C., Rabboni, M., Bondi, E., Tasca, G.A. & Compare, A. (2019). Attachment comes of age. Adolescents' narrative coherence and reflective functioning predict well-being in emerging adulthood. *Attachment & Human Development, 21*(4), 332–351. https://doi.org/10.1080/14616734.2018.1479870

Brauner, F. (2018). *Mentalisieren und Fremdenfeindlichkeit. Psychoanalyse und Kritische Theorie im Paradigma der Intersubjektivität.* Psychosozial-Verlag.

Brockmann, J., Kirsch, H. & Taubner, S. (2022). *Mentalisieren in der psychodynamischen und psychoanalytischen Psychotherapie.* Klett-Cotta.

Bucci, W. (1997). *Psychoanalysis and Cognitive Science. A Multiple Code Theory.* Guilford Press.

Buchholz, M.B. (2013). Embodiment. Konvergenzen von Kognitionsforschung und analytischer Enwicklungspsychologie. *Forum der Psychoanalyse, 29*(1), 109–128. https://doi.org/10.1007/s00451-013-0141-4

Campbell, C. & Allison, E. (2023). Mentalisierung der modernen Welt. In P. Fonagy & T. Nolte (Hrsg.), *Epistemisches Vertrauen. Vom Konzept zur Anwendung in Psychotherapie und psychosozialen Arbeitsfeldern* (S. 95–113). Klett-Cotta.

Caspi, A., Houts, R.M., Belsky, D.W., Goldman-Mellor, S.J., Harrington, H., Salomon, I. & Moffitt, T.E. (2013). The p Factor. One General Psychopathology Factor in the Structure of Psychiatric Disorders? *Clinical Psychological Science, 2*(2), 119–137.

Choi-Kain, L.W. & Gunderson, J.G. (2008). Mentalization. Ontogeny, assessment and application in the treatment of borderline personality disorder. *The American Journal of Psychiatry, 165*(9), 1127–1135.

Ciompi, L. (2013). *Gefühle, Affekte, Affektlogik*. Picus.

Clarkin, F.C., Yeomans, F.E. & Kernberg, O.F. (2017). *Psychotherapie der Borderline-Persönlichkeit. Manual zur psychodynamischen Therapie*. Schattauer.

Corriveau, K., Harris, P., Meins, E., Fernyhough, C., Arnott, B., Elliott, L., Liddle, B., Hearn, A., Vittorini, L. & de Rosnay, M. (2009). Young children's trust in their mother's claims. Longitudinal links with attachment security in infancy. *Child Development, 80*(3), 750–761.

Cristea, I.A., Gentili, C., Cotet, C.D., Palomba, D., Barbui, C. & Cuijpers, P. (2017). Efficacy of Psychotherapies for Borderline Personality Disorder. A Systematic Review and Meta-analysis. *Journal of the American Medical Association Psychiatry, 74*(4), 319–328.

Csibra, G. & Gergely, G. (1998). The teleological origins of mentalistic action explanations. A developmental hypothesis. *Developmental Science, 1*(2), 255–259.

Csibra, G. & Gergely, G. (2009). Natural Pedagogy. *Trends in Cognitive Sciences, 13*(4), 148–153.

Datler, W. & Wininger, M. (2018). Zu Entwicklung von Emotionen unter besonderer Berücksichtigung psychoanalytischer Perspektiven. In M. Huber & S. Krause (Hrsg.), *Bildung und Emotion* (S. 313–333). Springer VS.

Debbané, M. & Nolte, T. (2019). Contemporary Neuroscientific Research. In A.W. Bateman & P. Fonagy (Hrsg.), *Handbook of Mentalizing in Mental Health Practice* (2. Aufl., S. 21–35). American Psychiatric Association Publishing.

Denker, H. (2012). *Bindung und Theory of Mind. Bildungsbezogene Gestaltung von Erzieherinnen-Kind-Interaktionen.* Springer VS.

Deserno, H. (2020). Psychotherapie und kritische Lebenskunst aus Sicht der Therapieforschung. *psychosozial, 162*(4), 110–118.

Diamond, D. & Kernberg, O. (2008). Discussion. In F.N. Busch (Hrsg.), *Mentalization, theoretical considerations, research findings and clinical implications* (S. 235–260). Analytic Press.

Diez Grieser, M.T. & Müller, R. (2018). *Mentalisieren mit Kindern und Jugendlichen.* Klett-Cotta.

Dornes, M. (1992). *Der kompetente Säugling. Die präverbale Entwicklung des Menschen.* S.Fischer.

Dornes, M. (1998). *Die frühe Kindheit. Entwicklungspsychologie der ersten Lebensjahre.* S.Fischer.

Dornes, M. (2012). *Die Modernisierung der Seele. Kind-Familie-Gesellschaft.* S.Fischer.

Egle, U.T., Heim, C., Strauß, B. & von Känel, R. (Hrsg.). (2020). *Psychosomatik. Neurobiologisch fundiert und evidenzbasiert.* Kohlhammer.

Euler, S. (2021). *Mentalisieren bei Persönlichkeitsstörungen.* Klett-Cotta.

Euler, S. & Walter, M. (2018). *Mentalisierungsbasierte Therapie (MBT).* Kohlhammer.

Fain, M. & David, C. (1963). Aspects fonctionnels de la vie onirique. Revue Française de Psychanalyse, 27, 241–243.

Fain, M. & Marty, P. (1964). Perspective psychosomatique sur la fonction des fantasmes. *Revue Française de Psychanalyse, 28*(4), 609–622.

Feneberg, A.C. & Nater, U.M. (2020). Stressforschung. In U.T. Egle, C. Heim, B. Strauß & R. von Känel (Hrsg.), *Psychosomatik. Neurobiologisch fundiert und evidenzbasiert* (S. 155–169). Kohlhammer.

Fonagy, P. (1991). Thinking about Thinking. Some Clinical and Theoretical Considerations in the Treatment of a Borderline Patient. *The International Journal of Psychoanalysis, 72*(4), 639–656.

Fonagy, P. (1998). Metakognition und Bindungsfähigkeit des Kindes. *Psyche – Z Psychoanal, 52*(4), 349–368.

Fonagy, P. (2003). *Bindungstheorie und Psychoanalyse*. Klett-Cotta.

Fonagy, P. (2008). A Genuinely Developmental Theory of Sexual Enjoyment and Its Implications for Psychoanalytic Technique. *Journal of the American Psychoanalytic Association, 56*(1), 11–36.

Fonagy, P. (2012). *ICAPT-University Alliance Launch.* http://ambit-content.tiddlyspace.com/Epistemic%20Trust

Fonagy, P. (2021). Geleitwort. In S. Euler, *Mentalisieren bei Persönlichkeitsstörungen* (S. 9–12). Klett-Cotta.

Fonagy, P. (2022a). Vorwort. In J. Brockmann, H. Kirsch & S. Taubner, *Mentalisieren in der psychodynamischen und psychoanalytischen Psychotherapie* (S. 7–13). Klett-Cotta.

Fonagy, P. (2022b). Foreword. In J.G. Allen, *Trusting in Psychotherapy* (S. XI–XVIII). American Psychiatric Association Publishing.

Fonagy, P. & Allison, E. (2014). The Role of Mentalizing and Epistemic Trust in the Therapeutic Relationship. *Psychotherapy, 51*(3), 372–380.

Fonagy, P. & Allison, E. (2016). Psychic reality and the nature of consciousness. *The International Journal of Psychoanalysis, 97*(1), 5–24.

Fonagy, P. & Allison, E. (2019). Eine wissenschaftliche Theorie der Homosexualität für die Psychoanalyse. In A. Lemma & P.E. Lynch (Hrsg.), *Psychoanalyse der Sexualitäten – Sexualitäten der Psychoanalyse* (S. 161–178). Brandes & Apsel.

Fonagy, P., Bateman, A.W. & Luyten, P. (2015). Einführung und Übersicht. In A.W. Bateman & P. Fonagy (Hrsg.), *Handbuch Mentalisieren* (S. 23–66). Psychosozial-Verlag.

Fonagy, P. & Campbell, C. (2017). Böses Blut – ein Rückblick. Bindung und Psychoanalyse. *Psyche – Z Psychoanal, 71*(4), 275–305.

Fonagy, P., Campbell, C. & Allison, E. (2019). Therapeutic Models. In A.W. Bateman & P. Fonagy (Hrsg.), *Handbook of Mentalizing in Mental Health Practice* (2. Aufl., S. 169–180). American Psychiatric Association Publishing.

Fonagy, P., Campbell, C. & Bateman, A.W. (2017). Mentalizing, Attachment, and Epistemic Trust in Group Therapy. *International Journal of Group Therapy, 67*(2), 176–201. https://doi.org/10.1080/00207284.2016.1263156

Fonagy, P., Campbell, C., Constantinou, M., Higgitt, A., Allison, E. & Luyten, P. (2021). Culture and psychopathology. An attempt at reconsidering the role of social learning. *Development and Psychopathology, 34*(4), 1–16. https://doi.org/10.1017/S0954579421000092

Fonagy, P., Campbell, C. & Luyten, P. (2023). Alliance rupture and repair in mentalization-based therapy. In C.F. Eubanks, L.W. Samstag & J.C. Muran (Hrsg.), *Rupture and repair in psychotherapy. A critical process for change* (S. 253–276). American Psychiatric Association Publishing. https://doi.org/10.1037/0000306-011

Fonagy, P., Gergely, G., Jurist, E.L. & Target, M. (2004). *Affektregulierung, Mentalisierung und die Entwicklung des Selbst.* Klett-Cotta.

Fonagy, P. & Luyten, P. (2009). A developmental, mentalization-based approach to the understanding and treatment of borderline personality disorder. *Development and Psychopathology, 21*(4), 1355–1381.

Fonagy, P., Luyten, P. & Allison, E. (2015). Epistemic Petrification and the Restoration of Epistemic Trust. A New Conceptualization of Borderline Personality Disorder and Its Psychosocial Treatment. *Journal of Personality Disorders, 29*(5), 575–609. https://doi.org/10.1521/pedi.2015.29.5.575

Fonagy, P. & Nolte, T. (Hrsg.). (2023). *Epistemisches Vertrauen. Vom Konzept zur Anwendung in Psychotherapie und psychosozialen Arbeitsfeldern.* Klett-Cotta.

Fonagy, P. & Nolte, T. (2023). Vorwort. In dies. (Hrsg.), *Epistemisches Vertrauen. Vom Konzept zur Anwendung in Psychotherapie und psychosozialen Arbeitsfeldern* (S. 9–20). Klett-Cotta.

Fonagy, P., Steele, H., Steele, M., Moran, G. & Higgit, A. (1991). The capacity of understanding mental states. The reflective self in parent and child and its significance for security of attachment. *Infant Mental Health Journal, 12*(3), 201–218.

Fonagy, P. & Target, M. (2002). Neubewertung der Entwicklung der Affektregulation vor dem Hintergrund von Winnicotts Konzept des »falschen Selbst«. *Psyche – Z Psychoanal, 56*(9–10), 839–862.

Fonagy, P. & Target, M. (2003). *Frühe Bindung und psychische Entwicklung.* Psychosozial-Verlag.

Fonagy, P. & Target, M. (2006). *Psychoanalyse und die Psychopathologie der Entwicklung.* Klett-Cotta.

Förstl, H. (Hrsg.). (2012). *Theory of Mind. Neurobiologie und Psychologie sozialen Verhaltens* (2. Aufl.). Springer.

Freud, A. (1984 [1936]). *Das Ich und die Abwehrmechanismen.* S. Fischer.

Freud, S. (1895d [1893–1895]). *Studien über Hysterie. GW I,* S. 75–312.

Freud, S. (1911). Formulierungen über die zwei Prinzipien des psychischen Geschehens. *GW VIII,* S. 230–238.

Freud, S. (1923b). *Das Ich und das Es. GW XIII,* S. 237–289.

Gendlin, E. T. (2004). *Focusing. Technik der Selbsthilfe bei der Lösung persönlicher Probleme.* Rowohlt.

Gergely, G. (1992). Development reconstructions. Infancy from the point of view of psychoanalysis and development perspectives. *Psychoanalysis and Contemporary Thought, 15*(1), 3–55.

Gergely, G. & Csibra, G. (2005). The social construction of the cultural mind. Imitative learning as a mechanism of human pedagogy. *Interaction Studies, 6*(3), 463–481.

Gergely, G. & Csibra, G. (2006). Sylvia's recipe. Human culture, imitation, and pedagogy. In N.J. Enfield & S.C. Levinson (Hrsg.), *Roots of human sociality. Culture, cognition and human interaction* (S. 229–255). Berg Press.

Gergely, G., Unoka, Z. & Trunk, C. (2011). Bindung und Mentalisierung beim Menschen. Die Entwicklung des affektiven Selbst. *Psyche – Z Psychoanal, 65*(9–10), 862–899.

Gergely, G. & Watson, J.S. (1996). The social biofeedback theory of parental affect-mirroring. The development of emotional self-awareness and self-control in infancy. *The International Journal of Psychoanalysis, 77*(6), 1181–1212.

Gingelmaier, S. & Kirsch, H. (Hrsg.). (2020). *Praxisbuch Mentalisierungsbasierte Pädagogik.* Vandenhoeck & Ruprecht.

Gingelmaier, S., Kirsch, H., Nolte, T., Link, P., Turner, A. & Schwarzer, N. (2022). Mentalisierungsfähigkeit. Eine schützende und förderbare Ressource für das schulische Setting. Die Lehrpersonenperspektive. *Report-psychologie, 49*(9), 6–10.

Gingelmaier, S. & Schwarzer, N. (2019). Mentalisierungsbasierte Supervision für Studierende als Beitrag zur Selbstfürsorge und gelingenden Arbeit mit gewaltbereiten Jugendlichen. In D. Zimmermann, U. Fickler-Stang, K. Weiland & L. Dietrich (Hrsg.), *Professionalisierung für Unterricht und Beziehungsarbeit mit psychosozial beeinträchtigten Kindern und Jugendlichen* (S. 75–84). Klinkhardt.

Gingelmaier, S., Taubner, S. & Ramberg, A. (Hrsg.). (2018). *Handbuch mentalisierungsbasierte Pädagogik.* Vandenhoeck & Ruprecht.

Goldfried, M.R. (1982). *Converging Themes in Psychotherapy. Trends in Psychodynamic, Humanistic, and Behavioral Practice.* Springer.

Goldfried, M.R. (2020). The Field of Psychotherapy. Over 100 Years Old and

Still an Infant Science. *Clinical Psychology in Europe, 2*(1), 1–3. https://doi.org/10.32872/cpe.v2i1.2753

Gödde, G. (2018). *Mit dem Unbewussten arbeiten.* Vandenhoeck & Ruprecht.

Gödde, G. & Buchholz, M.B. (2011). *Unbewusstes.* Psychosozial-Verlag.

Gödde, G., Zirfas, J. & Wirth, H.J. (2020). Möglichkeiten und Grenzen eines gelingenden Lebens. *psychosozial, 162*(4), 5–10.

Greimel, E. (2011). Sozial-affektive Entwicklung im Jugendalter. In P.J. Uhlhaas & K. Konrad (Hrsg.), *Das adoleszente Gehirn* (S. 158–171). Kohlhammer.

Grove, P. & Smith, E. (2022). A Framework for MBT Formulations. The Narrative Formulation and MBT Passport. *Journal of Contemporary Psychotherapy, 52*(3), 1–8. https://doi.org/10.1007/s10879-022-09531-0

Ha, C., Balderas, J.C., Zanarini, M.C., Oldham, J. & Sharp, C. (2014). Psychiatric comorbidity in hospitalized adolescents with borderline personality disorder. *The Journal of Clinical Psychiatry, 75*(5), e457–64. https://doi.org/10.4088/JCP.13m08696

Habermas, J. (1968). *Erkenntnis und Interesse.* Suhrkamp.

Habermas, J. (2009, 10. Dezember). Es beginnt mit dem Zeigefinger. *DIE ZEIT, 51/2009* (Kommentare).

Harari, Y.N. (2015). *Eine kurze Geschichte der Menschheit.* Pantheon.

Hartmann, H. (1939). Psychoanalysis and the concept of health. *The International Journal of Psychoanalysis, 20,* 308–321.

Haslam-Hopwood, G.T.G., Allen, J.G., Stein, A. & Bleiberg, E. (2009). Verbesserung des Mentalisierens durch Psychoedukation. In J.G. Allen & P. Fonagy (Hrsg.), *Mentalisierungsgestützte Therapie. Das MBT-Handbuch – Konzepte und Praxis* (S. 347–373). Klett-Cotta.

Heigl-Evers, A. & Nitschke, B. (1991). Das Prinzip »Deutung« und das Prinzip »Antwort« in der psychoanalytischen Therapie. *Zeitschrift für Psychosomatische Medizin, 37*(2), 115–127.

Heigl-Evers, A. & Streeck, U. (1985). Psychoanalytisch-interaktionelle Therapie. *Psychotherapie, Psychosomatik, Medizinische Psychologie, 35*, 176–182.

Heim, C., Dammering, F. & Entringer, S. (2020). Frühe Programmierung von Gesundheit und Krankheit. In U.T. Egle, C. Heim, B. Strauß & R. von Känel (Hrsg.), *Psychosomatik. Neurobiologisch fundiert und evidenzbasiert* (S. 185–192). Kohlhammer.

Herpertz, S.C., Rudolf, G. & Lieb, K. (2017). Borderline-Persönlichkeitsstörungen. In S.C. Herpertz, F. Caspar & K. Lieb (Hrsg.), *Psychotherapie – Funktions- und störungsorientiertes Vorgehen* (S. 395–412). Elsevier.

Honneth, A. (2010). *Das Ich im Wir. Studien zur Anerkennungstheorie.* Suhrkamp.

Honneth, A. (2014). *Vivisektionen eines Zeitalters. Portraits zur Ideengeschichte des 20. Jahrhunderts.* Suhrkamp.

Honneth, A. (2018). *Anerkennung. Eine europäische Ideengeschichte.* Suhrkamp.

Hutsebaut, J. & Aleva, A. (2020). The identification of a risk profile for young people with borderline personality pathology to assist in personalizing treatment. A review of recent literature. *Current Opinion in Psychology, 37*, 13–20. https://doi.org/10.1016/j.copsyc.2020.06.004

Jacobson, E. (1954). Contribution to the metapsychology of psychotic identifications. *Journal of the American Psychoanalytic Association, 2*(2), 239–262.

Joffe, W. G. & Sandler, J. (1967). Über einige begriffliche Probleme im Zusammenhang mit dem Studium narzißtischer Störungen. *Psyche – Z Psychoanal, 21*(1–3), 152–165.

Karterud, S. (2015). *Mentalization Based Group Therapy. A Theoretical, Clinical and Research Manual (MBT-G).* Oxford University Press.

Karterud, S., Gunnarsen, G., Kongerslev, M. T., Staun, L. & Schultz-Venrath, U. (2024). On the relationship between group analysis and mentalization-based group therapy. *Group Analysis, 57*(1), 1–15.

Keller, H. (2019). *Mythos Bindungstheorie: Konzept. Methode. Bilanz.* verlag das netz.

Kenny, D. T. (2013). *From Id to Intersubjectivity. Talking about the Talking Cure with Master Clinicians.* Routledge.

King, V. (2018). Geteilte Aufmerksamkeit. Kultureller Wandel und psychische Entwicklung in Zeiten der Digitalisierung. *Psyche – Z Psychoanal, 72*(8), 640–665.

King, V. & Flaake, K. (Hrsg.). (2005). *Männliche Adoleszenz. Sozialisation und Bildungsprozesse zwischen Kindheit und Erwachsensein.* Campus.

Kirsch, H. (Hrsg.). (2014). *Das Mentalisierungskonzept in der Sozialen Arbeit.* Vandenhoeck & Ruprecht.

Kirsch, H. (2019). Der Zeigefinger oder: Die Entwicklung sozialer Kognitionen. *Zeitschrift für Individualpsychologie, 44*(3), 286–298.

Kirsch, H. & Brockmann, J. (2022). Ist das noch Psychoanalyse? – Anmerkungen zum Verhältnis von Psychoanalyse und Mentalisierung. In H. Kirsch, T. Nolte & S. Gingelmaier (Hrsg.), *Soziales Lernen, Beziehung und Mentalisieren* (S. 23–44). Vandenhoeck & Ruprecht.

Kirsch, H., Brockmann, J. & Taubner, S. (2016). *Praxis des Mentalisierens.* Klett-Cotta.

Kirsch, H. & Hofmann, D. (2023). Das Tattoo, der Schmerz und die Lust. *Zeitschrift für Individualpsychologie, 48*(4), 365–383.

Kirsch, H., Nolte, T. & Gingelmaier, S. (Hrsg.). (2022). *Soziales Lernen, Beziehung und Mentalisieren.* Vandenhoeck & Ruprecht.

Klein, J., Armendinger, T. & Kirsch, H. (2013). Bindung und Mentalisierung in der Kindertagesstätte. Ein Lehr-Praxis-Projekt. In W. Schwendemann & H. J. Puch (Hrsg.), *Evangelische Hochschulperspektiven. Band 9: Theorie–Praxis–Partizipation* (S. 49–62). FEL.

Kohut, H. (1981). *Die Heilung des Selbst.* Suhrkamp.

Konrad, K. (2011). Strukturelle Hirnentwicklung in der Adoleszenz. In P. J. Uhlhaas & K. Konrad (Hrsg.), *Das adoleszente Gehirn* (S. 124–138). Kohlhammer.

Kosugi, M. & Yamagishi, T. (1998). General trust and judgments of trustworthiness. *The Japanese Journal of Psychology, 69*(5), 349–357.

Köhler, L. (2002). Erwartungen an eine klinische Bindungsforschung aus der Sicht der Psychoanalyse. In B. Strauß, A. Buchheim & H. Kächele (Hrsg.), *Klinische Bindungsforschung. Theorien – Methoden – Ergebnisse* (S. 3–8). Schattauer.

Köhler, L. (2003). Entstehung von Beziehungen: Bindungstheorie. In R.H. Adler, J.M. Herrmann, K. Köhle, W. Langewitz, O.W. Schonecke, Th. von Uexküll & W. Wesiack (Hrsg.), *Uexküll. Psychosomatische Medizin. Theoretische Modelle und klinische Praxis* (6. Aufl., S. 233–244). Urban & Fischer.

Köhler, L. (2004). Frühe Störungen aus der Sicht zunehmender Mentalisierung. *Forum der Psychoanalyse, 20*(2), 158–174.

Körner, J. (1989). Arbeit *an* der Übertragung? Arbeit *in* der Übertragung! *Forum der Psychoanalyse, 5*, 209–223.

Kurthen, M. (2000). Repräsentanz. In W. Mertens & B. Waldvogel (Hrsg.), *Handbuch psychoanalytischer Grundbegriffe* (S. 615–618). Kohlhammer.

Lanwer, W. (2019). Lev S. Vygotskij – zur kulturhistorischen Psychologie. *Zeitschrift für Individualpsychologie, 44*(3), 235–252.

Lanwer, W. & Kirsch, H. (2019). Das Zukünftige im Vergangenen – zur Aktualität erkenntnistheoretischer Positionen bei Alfred Adler und Lev Vygotskij. Editorial. *Zeitschrift für Individualpsychologie, 44*(3), 232–234.

Laplanche, J. (1995). Seduction, Persecution, Revelation. *The International Journal of Psychoanalysis, 76*(4), 663–682.

Laplanche, J. & Pontalis, J.B. (1968). Fantasy and the Origins of Sexuality. *The International Journal of Psychoanalysis, 49*(1), 1–19.

Laplanche, J. & Pontalis, J.B. (1972). *Das Vokabular der Psychoanalyse.* Suhrkamp.

Laska, K., Gurman, A. & Wampold, B. (2014). Expanding the lens of evidence-based practice in psychotherapy. A common factors perspective. *Psychotherapy, 51*(4), 467–481. https://doi.org/10.1037/a0034332

Lecours, S. & Bouchard, M.-A. (1997). Dimensions of mentalisation. Outlining levels of psychic transformation. *The International Journal of Psychoanalysis, 78*(5), 855–875.

Lenz, A. (2021). *Ressourcen fördern. Mentalisierungsbasierte Interventionen bei Kindern psychisch kranker Eltern und ihren Familien* (2. Aufl.). Hogrefe.

Luquet, P. (1981). Le changement dans la mentalisation. *Revue Française de Psychanalyse, 45*(4), 1023–1028.

Luyten, P., Campbell, C., Allison, E. & Fonagy, P. (2020). The Mentalizing Approach to Psychopathology. State of the Art and Future Directions. *Annual Review of Clinical Psychology, 16*, 297–325. https://doi.org/10.1146/annurev-clinpsy-071919-015355

Luyten, P. & Fonagy, P. (2019). Mentalizing and Trauma. In A. Bateman & P. Fonagy, *Handbook of Mentalizing in Mental Health Practice* (2. Aufl., S. 79–102). American Psychiatric Association Publishing.

Luyten, P., Fonagy, P., Lowyck, B. & Vermote, R. (2015). Beurteilung des Mentalisierens. In A.W. Bateman & P. Fonagy (Hrsg.), *Handbuch Mentalisieren* (S. 67–90). Psychosozial-Verlag.

Luyten, P., de Meulemeester, C. & Fonagy, P. (2021). The Self-Other Distinction in Psychopathology. Recent Developments from a Mentalizing Perspective. In M. Gilead & K. N. Ochsner (Hrsg.), *The Neural Bases of Mentalizing* (S. 659–680). Springer.

Main, M. (1991). Metacognitive knowledge, metacognitive monitoring, and singular (coherent) vs. multiple (incoherent) model of attachment. Findings and directions for future research. In P. Harris, J. Stevenson-Hinde & C. Parkes (Hrsg.), *Attachment across the life cycle* (S. 127–159). Routledge.

Marty, P. (1990). *La psychosomatique de l'adulte.* Presses Universitaires de France.

Mayes, L. C. (2000). A developmental perspective on regulation of arousal states. *Seminars in Perinatology, 24*(4), 267–279.

Mayes, L. C. (2006). Arousal regulation, emotional flexibility, medial amygdala function and the impact of early experience. Comments on the paper of Lewis et al. *Annals of the New York Academy of Sciences, 1094*, 178–192.

Mentzos, S. (2017). Lehrbuch der Psychodynamik. *Die Funktion der Dysfunktionalität psychischer Störungen.* Vandenhoeck & Ruprecht.

Mertens, W. (2012). *Psychoanalytische Schulen im Gespräch. Psychoanalytische Bindungstheorie und moderne Kleinkindforschung (Band 3).* Hans Huber.

Michels, R. (2009). Epilog. In J. G. Allen & P. Fonagy (Hrsg.), *Mentalisierungsgestützte Therapie. Das MBT-Handbuch – Konzepte und Praxis* (S. 450–458). Klett-Cotta.

Midgley, N., Sprecher, E. A. & Sleed, M. (2021). Mentalization-Based Interventions for Children Aged 6–12 and Their Carers. A Narrative Systematic Review. *Journal of Infant, Child and Adolescent Psychotherapy, 20*(2), 169–189. https://doi.org/10.1080/15289168.2021.1915654

Mitchell, A. (2003). *Bindung und Beziehung. Auf dem Weg zu einer relationalen Psychoanalyse.* Psychosozial-Verlag.

Moutoussis, M., Maran, P., Fonagy, P. & Nolte, T. (2023). Ein neurowissenschaftlicher Ansatz zum epistemischen Vertrauen. In P. Fonagy & T. Nolte (Hrsg.), *Epistemisches Vertrauen. Vom Konzept zur Anwendung in Psychotherapie und psychosozialen Arbeitsfeldern* (S. 61–94). Klett-Cotta.

Nolte, T. & Fonagy, P. (2023). Einleitung. In dies. (Hrsg.), *Epistemisches Vertrauen. Vom Konzept zur Anwendung in Psychotherapie und psychosozialen Arbeitsfeldern* (S. 23–33). Klett-Cotta.

Ogden, P. (2021) *The Pocket Guide to Sensorimotor Psychotherapy in Context.* W. W. Norton & Company.

Ogden, P. & Fisher, J. (2015). *Sensorimotor Psychotherapy. Interventions for Trauma and Attachment.* W. W. Norton & Company.

Otto, H. & Keller, H. (Hrsg.). (2014). *Different Faces of Attachment.* Cambridge University Press.

Peters, M. (2020). Editorial. *Psychotherapie im Alter, 17*(4), 1–4.

Peters, M. (2023). Altersbilder bei älteren Patienten mit psychischen Erkrankungen. Zur Bedeutung von Bindung und Mentalisierung. *Zeitschrift für Psychosomatische Medizin und Psychotherapie, 69*(1), 6–20.

Piaget, J. (2016). *Meine Theorie der geistigen Entwicklung.* Beltz.

Premack, D. & Woodruff, G. (1978). Does the Chimpanzee Have a Theory of Mind? *The Behavioural and Brain Sciences, 1*(4), 515–526.

Resch, F. (2009). Developing Mind. Intersubjektivität und die Entwicklung der psychischen Struktur. In ders. & M. Schulte-Markwort (Hrsg.), *Kindheit im digitalen Zeitalter. Kursbuch für integrative Kinder- und Jugendpsychotherapie* (S. 2–18). Beltz.

Rudolf, G. (2013). *Strukturbezogene Psychotherapie. Leitfaden zur psychodynamischen Therapie struktureller Störungen.* Schattauer.

Rüger, U. (2000). Strukturelle Störung. In W. Mertens & B. Waldvogel (Hrsg.), *Handbuch psychoanalytischer Grundbegriffe* (S. 679–684). Kohlhammer.

Safran, J. D., Muran, J. C. & Eubanks-Carter, C. (2011). Repairing alliance ruptures. In J. C. Norcross (Hrsg.), *Psychotherapy relationships that work. Evidence-based responsiveness* (S. 224–238). Oxford University Press. https://doi.org/10.1093/acprof:oso/9780199737208.003.0011

Sandler, J. (1960). On the concept of superego. *The Psychoanalytic Study of the Child, 15,* 128–162.

Schacht, L. (2003). Die früheste Kindheitsentwicklung und ihre Störungen aus der Sicht Winnicotts. In R. H. Adler, J. M. Herrmann, K. Köhle, W. Langewitz, O. W. Schonecke, T. von Uexküll & W. Wesiack (Hrsg.), *Uexküll. Psychosomatische Medizin. Theoretische Modelle und klinische Praxis* (6. Aufl., S. 219–232). Urban & Fischer.

Schlicht, T. (2018). *Soziale Kognition zur Einführung.* Junius.

Schmidt, E. (2018). *Konzentrative Bewegungstherapie. Grundlagen und störungsspezifische Anwendungen.* Schattauer.

Schneider, S. M. V., Wunner, C. & Waller, C. (2021). Mentalisierung im Alter. *Psychotherapie im Alter, 18*(3), 329–348. https://doi.org/10.30820/1613-2637-2021-3-329

Schultz-Venrath, U. (2013). *Lehrbuch Mentalisieren. Psychotherapien wirksam gestalten.* Klett-Cotta.

Schultz-Venrath, U. (2021). *Mentalisieren des Körpers.* Klett-Cotta.

Schultz-Venrath, U. & Felsberger, H. (2016). *Mentalisieren in der Gruppe.* Klett-Cotta.

Schur, M. (1955). Comments on the Metapsychology of Somatization. *Psychoanalytic Study of the Child, 10*(1), 119–164.

Schwarzer, N. H. (2019). *Mentalisieren als schützende Ressource? Eine Studie zur gesundheitserhaltenden Funktion der Mentalisierungsfähigkeit.* Springer VS.

Schwarzer, N.-H., Behringer, N., Beyer, A., Gingelmaier, S., Henter, M., Müller, L.-M. & Link, P.-C. (2023). Reichweite einer mentalisierungsbasierten Pädagogik im Förderschwerpunkt emotionale und soziale Entwicklung – ein narratives Review. *ESE. Emotionale und Soziale Entwicklung in der Pädagogik der Erziehungshilfe und bei Verhaltensstörungen, 5,* 90–102. https://doi.org/10.35468/6021-06

Schwarzer, N. H. & Gingelmaier, S. (2020). Mentalisieren als schützende Ressource bei angehenden Erzieherinnen und Erziehern. *Frühe Bildung, 9*(3), 144–152.

Schwarzer, N.H., Kirsch, H., Nolte, T. & Gingelmaier, S. (2022). Misshandlungserfahrungen in der Kindheit, Einschränkungen der Mentalisierungsfähigkeit und Wohlbefinden im Erwachsenenalter. *Zeitschrift für Entwicklungspsychologie und Pädagogische Psychologie, 54*(2), 67–79. https://doi.org/10.1026/0049-8637/a000254

Seidler, G.H. (2000). Ich. In W. Mertens, B. Waldvogel (Hrsg.), *Handbuch psychoanalytischer Grundbegriffe* (S. 306–309). Kohlhammer.

Sharp, C. & Bevington, D. (2022). *Mentalizing in Psychotherapy. A Guide for Practitionars.* Guilford Press.

Sharp, C., Ha, C., Carbone, C., Kim, S., Perry, K., Williams, L. & Fonagy, P. (2013). Hypermentalizing in adolescent inpatients. Treatment effects and association with borderline traits. *Journal of personality disorders, 27*(1), 3–18. https://doi.org/10.1521/pedi.2013.27.1.3

Sharp, C., Shohet, C., Givon, D., Penner, F., Marais, L. & Fonagy, P. (2020). Learning to mentalize. A mediational approach for caregivers and therapists. *Clinical Psychology: Science and Practice, 27*(3), e12334. https://doi.org/10.1111/cpsp.12334

Sharp, C., Wright, A.G.C., Fowler, J.C., Frueh, B.C., Allen, J.G., Oldham, J. & Clark, L.A. (2015). The structure of personality pathology. Both general (»g«) and specific (»s«) factors? *Journal of Abnormal Psychology, 124*(2), 387–398. https://doi.org/10.1037/abn0000033

Sperber, D., Clement, F., Heintz, C., Mascaro, O., Mercier, H., Origgi, G. & Wilson, D. (2010). Epistemic vigilance. *Mind & Language, 25*(4), 359–393. DOI 10.1111/j.1468-0017.2010.01394.x

Spitz, R. (1972). *Eine genetische Feldtheorie der Ichbildung.* S. Fischer.

Stern, D.N. (1985). *The Interpersonal World of the Infant. A View from Psychoanalysis and Developmental Psychology.* Basic Books.

Stolorow, R.D., Atwood, G.E. & Ross, J.M. (1978). The representational world in psychoanalytic therapy. *International Review of Psycho-Analysis, 5*(3), 247–256.

Storebø, O.J., Stoffers-Winterling, J.M., Völlm, B.A., Kongerslev, M.T., Mattivi, J.T., Jørgensen, M.S., Faltinsen, E., Todorovac, A., Sales, C.P. & Callesen, H.E. (2020). *Psychological therapies for people with borderline personality disorder.* Cochrane Database of Systematic Reviews.

Strauß, B. (2021). *Bindung.* Psychosozial-Verlag.

Strauß, B. & Nolte, T. (2020). Bindungsforschung. In U.T. Egle, C. Heim, B. Strauß & R. von Känel (Hrsg.), *Psychosomatik. Neurobiologisch fundiert und evidenzbasiert* (S. 171–184). Kohlhammer.

Sulz, S.K.D. & Milch, W. (Hrsg.). (2012). *Mentalierungs- und Bindungsentwicklung in psychodynamischen und behavioralen Therapien. Die Essenz wirksamer Therapien.* CIP-Medien.

Target, M. (2013). Ist unsere Sexualität unsere eigene? Ein Entwicklungsmodell der Sexualität auf der Basis früher Affektspiegelung. *Zeitschrift für Individualpsychologie, 38,* 125–142.

Target, M. (2016). Mentalization within Intensive Analysis with a Borderline Patient. *British Journal of Psychotherapy, 32*(2), 202–214. https://doi.org/10.1111/bjp.12211

Target, M. (2019). Ein Entwicklungsmodell für sexuelle Erregung, Begehren und Entfremdung. In A. Lemma & P. E. Lynch (Hrsg.), *Psychoanalyse der Sexualitäten – Sexualitäten der Psychoanalyse* (S. 59–83). Brandes & Apsel.

Taubner, S. (2015). *Konzept Mentalisieren. Eine Einführung in Forschung und Praxis.* Psychosozial-Verlag.

Taubner, S. (2018). Mentalisieren über die Lebensspanne. In S. Gingelmaier, S. Taubner & U. Ramberg (Hrsg.), *Handbuch mentalisierungsbasierte Pädagogik* (S. 23–37). Vandenhoeck & Ruprecht.

Taubner, S., Fonagy, P. & Bateman, A. W. (2019). *Mentalisierungsbasierte Therapie.* Hogrefe.

Taubner, S., Nolte, T., Luyten, P. & Fonagy, P. (2010). Mentalisierung und das Selbst. *Persönlichkeitsstörungen: Theorie und Therapie, 14*(4), 243–258.

Taubner, S. & Sharp, C. (2023). Mentale Flexibilität durch implizites soziales Lernen- Metamodell für Veränderungsprozesse in der Psychotherapie. *Die Psychotherapie, 69*, 24–32. https://doi.org/10.1007/s00278-023-00696-0

Taubner, S. & Volkert, J. (2019). Evidence-Based Psychodynamic Therapies for the Treatment of Patients with Borderline Personality Disorder. *Clinical Psychology in Europe, 1*(2), 1–20. https://doi.org/10.32872/cpe.v1i2.30639

Taubner, S. & Wolter, S. (2016). Mentalisierung, Affektregulation, Empathie. In G. Poscheschik & B. Traxl (Hrsg.), *Handbuch Psychoanalytische Entwicklungswissenschaft. Theoretische Grundlagen und praktische Anwendungen* (S. 147–165). Psychosozial-Verlag.

Tomasello, M. (2014). *Eine Naturgeschichte des menschlichen Denkens.* Suhrkamp.

Tomasello, M. (2020). *Mensch werden. Eine Theorie der Ontogenese.* Suhrkamp.

Tomasello, M. (2022). Wie Kinder falsche Überzeugungen verstehen lernen. Das Konzept der geteilten Intentionalität. In H. Kirsch, T. Nolte & S. Gingelmaier (Hrsg.), *Soziales Lernen, Beziehung und Mentalisieren* (S. 76–104). Vandenhoeck & Ruprecht.

Tronick, E. (2007). *The neurobehavioral and social-emotional development of infants and children.* W. W. Norton & Company.

Tronick E. & Gold, C. M. (2020). *The Power of Discord. Why the Ups and Downs of Relationships Are the Secret to Building Intimacy Resilience and Trust.* Little Brown Spark.

Turner, A. (2018). Mentalisieren in der schulpädagogischen Praxis. Mentalisierung von Lehrenden und Lernenden. In S. Gingelmaier, S. Taubner & A. Ramberg (Hrsg.), *Handbuch mentalisierungsbasierte Pädagogik* (S. 189–199). Vandenhoeck & Ruprecht.

Uhlhaas, P. J. & Konrad, K. (Hrsg.). (2011). *Das adoleszente Gehirn.* Kohlhammer.

Verheugt-Pleiter, A. J. E., Zevalkink, J. & Schmeets, M. G. J. (2008). *Mentalizing in child therapy.* Karnac.

Vygotskij, L.S. (1978). *Mind in society. Development of Higher Psychological Processes*. Harvard University Press.

Wampold, B.E. (2001). *The Great Psychotherapy Debate. Models, Methods and Findings.* Taylor & Francis.

Wampold, B.E. (2015). How important are the common factors in psychotherapy? An update. *World Psychiatry, 14*(3), 270–277. https://doi.org/10.1002/wps.20238

Wampold, B.E., Imel, Z.E. & Flückiger, C. (2018). *Die Psychotherapie-Debatte. Was Therapie wirksam macht.* Hogrefe.

Wiggeshoff, C. & Junker, A. (2020). »Immer Ärger mit der Hausordnung«. Mentalisieren im Kontext einer vollstationären Mutter-Kind-Einrichtung. In S. Gingelmaier & H. Kirsch (Hrsg.), *Praxisbuch mentalisierungsbasierte Pädagogik* (S. 219–233). Vandenhoeck & Ruprecht.

Wilson, D.S. & Sperber, D. (2012). Meaning and relevance. Cambridge University Press. https://doi.org/10.1017/CBO9781139028370

Wimmer, H. & Perner, J. (1983). Beliefs about Beliefs. Representation and Constraining Function of Wrong Beliefs in Young Children's Understanding of Deception. *Cognition, 13*(1),103–128.

Winnicott, D.W. (1962). Ego Integration and Child Development. In ders. (Hrsg.), *The Maturational Processes and the Facilitating Environment: Studies in the Theory of Emotional Development* (S. 56–63). Karnac.

Winnicott, D.W. (1973). *Vom Spiel zur Kreativität.* Klett-Cotta.

Wirth, H.J. (2020). Lebenskunst und Narzissmus. Schwierigkeiten und Chancen des selbstreflexiven Selbst, das Leben zu meistern. *psychosozial, 162*(4), 71–80.

Yamagishi, T. (2001). Trust as a form of social intelligence. In K. Cook (Hrsg.), *Trust in Society* (S. 121–147). Russel Sage Foundation.

Yamagishi, T. (2011). Trust and Social Intelligence. In I. Wakeman, E. Gudes, C.D. Jensen & J. Crampton (Hrsg.), *Trust Management V. IFIPTM. Vol. 358*. Springer.

Yamagishi, T., Kikuchi, M. & Kosugi, M. (1999). Trust, gullibility and social intelligence. *Asian Journal of Social Psychology, 2*(1), 145–161.

Zemke, B. (2013). Mentalisieren in der Psychotherapie mit Kindern. *Zeitschrift für Individualpsychologie, 38*(3), 268–284.

Zettl, M., Volkert, J., Vögele, C., Herpertz, S.C., Kubera, K.M. & Taubner, S. (2020). Mentalization and criterion a of the alternative model for personality disorders. Results from a clinical and nonclinical sample. *Personal Disorders, 11*(3), 191–201. https://doi.org/10.1037/per0000356